Über dieses Buch

Zwischen den japanischen Hauptinseln und Taiwan liegt eine mehr als tausend Kilometer lange Inselkette, die zu Japan gehört: Okinawa. Märchen dieser paradiesischen Inselwelt erscheinen in diesem Band erstmals außerhalb Japans.

Aber auch die Märchen aus Japan im ersten Teil des Buches sind ein Märchengenuß der besonderen Art. Sie erzählen vom Meer und den Sternen, von klugen Tieren und weisen Göttern. Der Reiz dieser Märchen liegt in ihrer anmutigen Erzählweise und ihren mitunter überraschenden Wendungen. Sie alle spiegeln die Besonderheiten der asiatisch-japanischen Kultur wider.

Über die Herausgeberin

Rotraud Saeki, Jahrgang 1947, stammt aus Deutschland und lebt seit über 30 Jahren in Japan. Dort ist die studierte Germanistin als Deutschlehrerin an Fachschulen, Dolmetscherin und Übersetzerin tätig. Daneben beschäftigt sie sich intensiv mit japanischen Märchen, insbesondere mit den Überlieferungen der Inselgruppe Okinawa. Sie lebt in Hiroshima.

Die schönsten japanischen Märchen

Herausgegeben und übersetzt von
Rotraud Saeki

KÖNIGSFURT-URANIA

Sonderausgabe des Titels »Märchen aus Japan« von Rotraud Saeki,
erschienen 2005

Bibliographische Information der Deutschen Nationalbibliothek

*Die Deutsche Nationalbibliothek verzeichnet diese Publikation
in der Deutschen Nationalbibliographie; detaillierte bibliographische
Daten sind im Internet über http://dnb.d-nb.de abrufbar.*

Sonderausgabe
Krummwisch bei Kiel 2010

© 2010 by Königsfurt-Urania Verlag GmbH
D-24796 Krummwisch
www.koenigsfurt-urania.com

Agentur: Montasser Medienagentur, München
Umschlaggestaltung: Jessica Quistorff unter Verwendung
eines Motivs von Ando Hiroshige
Satz: Noch & Noch, Menden
Druck und Bindung: CPI Moravia
Printed in EU

ISBN 978-3-86826-020-5

Für Hans-Christian Kirsch

INHALT

GRUSS
VON DEUTSCHLAND
NACH JAPAN ·

Vor zwei, drei Jahren erreichte die Programmkon-
ferenz der »Reichelsheimer Märchen- und Sagen-
tage« die Anfrage einer Märchensammlerin und
-enthusiastin aus Japan mit dem Angebot, Märchen aus
Okinawa vorzutragen. Zunächst waren die Veranstalter
skeptisch – Okinawa ist fern, manch einer weiß nicht einmal, wo es liegt. Jegliche Zweifel aber schwanden, als Rotraud Saeki dann kam und erzählte. Seitdem ist Frau Saeki,
die aus der Pfalz stammt, regelmäßiger Gast in Reichels-
heim und neuerdings auch bei den Kongressen der Europäi-
schen Märchengesellschaft.

Wir haben es hier mit einer wirklich nahezu märchen-
haften Geschichte zu tun:

Eine Studentin der Germanistik heiratet vor mehr als
drei Jahrzehnten einen jungen Japaner, folgt ihm in seine
Heimat, kommt auf die Insel Okinawa und beginnt dort,
Märchen zu sammeln. Abgesehen davon, daß es heute bei
uns in Europa nur noch ganz wenige Länder gibt, in denen
direktes Sammeln möglich ist, muß man auch den Eifer und
die Geduld bewundern, mit der Frau Saeki sich dieser Aufgabe im fernen Japan – zunächst mit wenig Aussicht auf eine
Publikationsmöglichkeit – annahm.

Als ihr Kollege, Freund und Bewunderer ihrer Begeisterung für die Stoffe in Japan und Okinawa freue ich mich
aufrichtig, daß nun der Königsfurt Verlag damit beginnt,
diesen Schatz, gehoben in einer langjährigen Sammeltätigkeit, einem deutschen Publikum vorzulegen

In einer Zeit, in der das Stichwort »Globalisierung« in aller Munde ist und wir in Deutschland immer stärker unser eurozentrisches Denken aufgeben, ist ein solches Buch, dem hoffentlich weitere folgen werden, eine Bereicherung unseres Bewußtseins, zumal wir uns in den kommenden Jahren immer häufiger mit der Kultur ostasiatischer Länder werden zu beschäftigen haben. In der Musik hat der kulturelle Transfer, wenn auch erst einseitig, schon begonnen. Im Bereich der Literatur scheint mir die Situation bisher weniger günstig. Häufig entwerfen Romane über Japan in deutscher Sprache ein eher klischeehaft-romantisiertes Bild vom fernen Japan.

Märchen hingegen sind direkte, unmanipulierte Zeugnisse der Phantasie eines Volkes. So könnte dieser Band auch dazu beitragen, unsere Vorstellungen von einer uns zumindest geographisch fernen Kultur zu schärfen, ja, diese überhaupt erst zu entdecken.

Die sprachliche Kompetenz meiner verehrten Kollegin, die gewissermaßen in beiden Sprachen, der deutschen und der japanischen, zu Hause ist, liefert uns flüssig zu lesende Übersetzungen. Es gelingt ihr, den sprachlichen Brückenschlag mit der Sensibilität und der Kenntnis beider Sprachräume vorzunehmen. Somit wünsche ich ihrem Buch viel Erfolg und viele aufgeschlossene Märchenfreunde.

Hans-Christian Kirsch

Einführung

Märchen und Sagen aus Japan, die Ende des 19. Jahrhunderts nach der Öffnung des Inselreiches in den Westen gelangten, erschienen hauptsächlich in englischer Nachdichtung. Bekannt sind die vielen Sammlungen von Lafcadio Hearn, das Buch »The Japanese Fairy Book« von Yei Theodora Ozaki und »Tales of Old Japan« von A. B. Mitford. Bis heute sind jedoch die zahlreichen japanischen Volkserzählungen in Deutschland nicht besonders populär, und das ist schade. Japan hat auch heute noch einen Zauber, der einen Besucher aus anderen Ländern fast immer erfaßt. Das Inselreich war lange Zeit fast gänzlich von der Außenwelt abgeschlossen, und seine Bevölkerung beschäftigte sich hauptsächlich mit ihren eigenen Belangen. Dadurch hat Japans Kultur Züge angenommen, die für den Europäer manchmal interessant, manchmal auch unbegreiflich oder unverständlich sind. Japan war und ist auch heute noch das »Land der Götter«, und man glaubte lange, daß sich in Zeiten der Gefahr ein göttlicher Sturm, Kamikaze nämlich, erheben und die Nation vor ihren Feinden schützen werde. Es ist ein Land, in dem früher die Häuser aus Holz und Papier gebaut wurden. Sie sind heutzutage glücklicherweise wesentlich stabiler geworden, aber man sitzt wie in alten Zeiten auf dem Fußboden, der mit Strohmatten bedeckt ist, in den Zimmern stehen wenig Möbel, statt Vorhängen verwendet man papierbespannte Holzrahmen, und im Winter kennt man nur recht dürftige Heizungen. Der Japaner liebt es, wenn Schnee gefallen ist, am offenen Fenster zu sitzen, hinaus in die Natur zu schauen und dabei Sake zu trinken. Die Kälte wird vergessen, man macht lieber Gedichte über den Schnee und schreibt sie mit feinen Pinseln auf das wundervolle Maulbeerbaumpapier. Japan ist ein Land, in dem die Hausfrau ihre Wäsche nicht auf Leinen zum Trocknen hängt, sondern sie auf Bambusstangen auffädelt, als Delikatesse verspeist man rohen Fisch, und im Frühling blühen die berühmten Kirschbäume traumhaft überreich, sie tragen jedoch keine Früchte. Der Japaner zeigt auf seine Nase und sagt »ich«, der Deutsche würde dabei auf seine Brust weisen. Es gibt viele Unterschiede in fast allen Lebensgewohnheiten, und wenn man bedenkt, daß Japan, von Europa aus gesehen, auf der anderen Seite des Erdballs, weit drüben im Osten, liegt, kann man das vielleicht besser verstehen und akzeptieren.

Man kennt Märchen und Sagen oder Überlieferungen, die mit bestimmten Orten, Personen, geschichtlichen Geschehnissen oder auch der Götterwelt zu tun haben. In neuerer Zeit verwendet man allgemein zusammenfassend den Ausdruck *minwa* dafür, *minwa* kann man etwa mit »Volksmärchen« oder »Volkssage« übersetzen, und es gehören auch Tiergeschichten und Geschichten zum Lachen dazu.

Wo Menschen leben, werden stets Geschichten erzählt, das ist auch in Japan so gewesen und immer noch so, besonders in abgelegenen Gegenden. In sehr alter Zeit ist dieses Erzählgut von Erzählern vorgetragen und verbreitet worden. Im Jahre 405 n. Chr. soll der koreanische Gelehrte Wani nach Japan gekommen sein und das chinesische Schriftsystem mitgebracht haben. Die Japaner übernahmen es, und die Erzähler, welche die Volksgeschichten mündlich weitergegeben hatten, verloren dadurch bald ihre Bedeutung. Die mündliche Weitergabe blieb trotzdem erhalten: Reisende, fahrende Handwerker und Händler zum Beispiel, die von Ort zu Ort zogen, erzählten Geschichten und verbreiteten sie im ganzen Land. *Minwa* mit dem gleichen Thema sind deshalb in vielen Variationen in allen Gegenden Japans bekannt.

Im 8. Jahrhundert hat man auf kaiserlichen Befehl die Sammlung »Kojiki« und die erste Reichsgeschichte, »Nihon shoki«, niedergeschrieben, und beide enthalten auch Märchenstoffe. Im 11. Jahrhundert folgte das große »Konjaku monogatari«, das mehr als tausend Erzählungen beinhaltet, Anfang des 13. Jahrhunderts dann das »Uji shui monogatari«, um nur zwei wichtige Sammlungen zu nennen, in denen auch Märchenstoffe aufgeschrieben sind. Im Mittelalter, im 15. und 16. Jahrhundert, erschienen die »Otogizōshi«, anschließend in der Tokugawazeit, also von 1603–1868, dann unter vielen anderen verschiedenen Sammlungen die sogenannten »Akahon«, in denen Märchen abgedruckt waren. Diese Texte waren hauptsächlich für Kinder gedacht, und sie waren bebildert.

Im 18. Jahrhundert fing man in Japan an, sich genauer mit der Volkskunde und den Erzählungen zu befassen, aber erst in der Meiji-Zeit (1868–1912), nach der Öffnung des Inselreiches, haben japanische Gelehrte durch den westlichen Einfluß erkannt, daß es die Volkskunde ihres Landes verdient, sich ernsthaft mit ihr zu befassen. Der volkskundliche Schatz ist sehr reich, er geht zum Teil auf chinesische und indische Quellen zurück, der Buddhismus, der vom Kontinent gekommen ist, hat großen Einfluß ausgeübt, es gibt Verbindung zu Eurasien, und man kennt Märchenstoffe, wie sie auch in den Kulturen in und um den Pazifik herum vorkommen. Vergleichsweise selbständig dürften die vielen Göttergeschichten sein.

Auch im japanischen Märchen kennt man das Wirken der Gegensätze: Der Reiche gegen den Armen, der Gute gegen den Bösen, der Gott gegen den Dämon, um nur ei-

nige wenige Beispiele zu nennen. Weiterhin wird von Groß-
väterchen und Großmütterchen erzählt, die ein Findelkind
aufziehen, es gibt Geister, man fürchtet sich vorm Tengu, ein
Kobold mit Flügeln, im Wasser wiederum wohnt ein Geist,
der Kappa genannt wird und gerne Kinder zu sich in sein
nasses Reich zieht. Tiere, besonders der Dachs und der
Fuchs, verstehen es, sich in Menschengestalt zu zeigen und
Unsinn zu treiben, die gute Gottheit Kannon schützt die
Menschen und hilft ihnen aus ihrer Not. Das Themenfeld
ist reich und groß.

Yanagita Kunio (1875–1962) hat in den 1930er Jahren
damit begonnen, die Märchen und Sagen systematisch zu
sammeln und aufzuzeichnen. Heute ist volkskundliche For-
schungsarbeit in Japan angesehen und weit verbreitet. Yanagita hat behauptet, Japan besitze, verglichen mit anderen
Ländern, die meisten Volksgeschichten, und es ist ihm, dem
Vater der japanischen Volkskunde, zu verdanken, daß sie
aufgeschrieben worden sind und auch jetzt noch weiterge-
sammelt werden. In vielen Gegenden hat man sogenannte
minwa no kai (Märchensammelgruppen) gegründet, und
ihre Arbeit schlägt sich in lokalen Publikationen nieder.
Eine Stadt, die etwas auf sich hält, läßt ihre Märchenstoffe
sammeln und aufschreiben. Dieses Material wird dann
durch die Vermittlung des Erziehungsausschusses der be-
treffenden Stadt oder des Dorfes gedruckt. Besonders in der
Zeit nach dem Zweiten Weltkrieg und mit dem Auf-
schwung der Wirtschaft wurde man in Japan wieder etwas
stolzer auf die eigene Kultur, so daß zahlreiche Märchenpu-
blikationen veröffentlicht worden sind. Aber auch in den
letzten Jahren sind immer noch gute Bände zur lokalen
Volkskunde erschienen.

Yanagitas ausgewählte Werke erschienen in der 36-bän-
digen Sammlung »Teihon Yanagita Kunio Shū«. Seine Ar-

beit setzte Seki Keigo fort, von 1950 bis 1957 erschien seine sechsbändige Märchensammlung »Nihon mukashi-banashi shūsei«, sodann von 1956–1958 »Nihon no mukashibanashi«. Es gibt außerdem umfassende Material-sammlungen, man hat sich mit ganz Japan beschäftigt, außerdem mit den Ainu, die auf der Nordinsel Hokkaidō leben und ein anderer Volksstamm als die Japaner sind, und endlich hat auch das alte Königreich Ryūkyū im Süden, Okinawa nämlich, seine Forscher und Sammler angezogen.

Zwischen Japan und der Volksrepublik China liegt eine lange Kette von vielen kleinen Inseln, und diese rund 150 Inseln im ostchinesischen Meer bilden den Archipel Okinawa oder Ryūkyū, wie es früher hieß. Okinawa ist eine der 47 Präfekturen Japans. Es war aber nicht immer ein Teil dieser Nation, sondern bis zum Jahre 1879 ein eigenständiges Königreich. Die Präfektur hat eine Landfläche von 2245 Quadratkilometern und etwas über eine Million Einwohner.

In alter Zeit fingen dort auf den Inseln Lokalherren, man nannte sie *aji*, an, sich ihre unmittelbare Umgebung untertan zu machen. So soll es einige hundert Burgen gegeben haben. Im 14. Jahrhundert hatten sich drei kleine Königreiche herauskristallisiert, und 1372 begann das Mittelreich, Verbindung mit China aufzunehmen. Schnell gelangte die chinesische Kultur auf die Ryūkyū-Inseln, und in dieser Zeit fing Okinawas große Zeit als Seefahrernation an. Seine Schiffe befuhren den Pazifik und trieben Handel mit China, Siam, Malakka und bis hin nach Sumatra. 1429 vereinigte der erste Herrscher aus der Familie Shō die drei kleinen Reiche zu einem einzigen Königreich, und die Shō-Könige regierten in zwei Dynastien nacheinander das Land.

1609 fiel eine japanische Armee aus Kyūshū in Ryūkyū ein und stellte es unter die Oberherrschaft des Fürstentums

Satsuma von Südkyūshū. 1877 setzte Japan den letzten Shō-König ab, beanspruchte Okinawa ganz für sich und gliederte die Inselkette 1879 dem japanischen Kaiserreich an.

Die Bevölkerung von Okinawa gehört zu derselben Volksgruppe wie die Japaner, durch die Entfernung sind jedoch Sprache und Kultur einen vergleichsweise selbständigen Weg gegangen. Die Sprache Okinawas unterscheidet sich so sehr vom Japanischen, daß ein Japaner sie kaum verstehen kann. Auf den Ryūkyū-Inseln hatte man in der Königszeit auf Ämtern die chinesische Schrift verwendet, und die Aussprache für dieselben Schriftzeichen war oft ziemlich anders als in Japan. Als einfaches Beispiel soll das Schriftzeichen »Schloß« vorgestellt werden. Der Japaner liest es »shiro«, der Bewohner von Okinawa jedoch »gusuku«. Diese Art, anders zu lesen, wird mehr und mehr abgeschliffen oder angepaßt. Schulsystem, TV und Zeitungen spielen dabei eine große Rolle, und in nicht allzulanger Zeit wird man wohl auch in Okinawa »reines« Japanisch lesen und sprechen.

Auf den Ryūkyū-Inseln ist auch heute noch überall der Einfluß von China und Südostasien zu spüren. Die Speisen sind anders als in Japan, und der Japaner auf Besuch hat manchmal Schwierigkeiten damit. Das Essen ist zum Teil stark gewürzt, es erinnert an die Küche von Südasien und China. Mit Vorliebe wird Schweinefleisch in allen Variationen gegessen, und zwar schon seit alten Zeiten, als man in Japan, aus Gründen, die mit der buddhistischen Religion zusammenhängen, fast total fleischlos gelebt hat. Es gibt in Okinawa sogar den Brauch, eine besondere Seeschlange zu essen. Diese kostbare Delikatesse war eigentlich nur für den Adel oder sehr reiche Leute erschwinglich. Jetzt versuchen sich gutbetuchte Touristen daran.

Die Töpferware ist von der in Japan verschieden, das hängt mit der verwendeten lokalen Tonerde zusammen, und auch die Lackkunst, die wirklich wunderschön ist, ist nicht »japanisch«. Sie erinnert an chinesische Kunst, und besonders bestechen die Artikel, die mit Perlmutt eingelegt sind. Die Webkunst ist sehr reich, und es werden Fasern verwendet, von denen man eigentlich nicht annimmt, daß sie für festliche Stoffe geeignet sind. Hier ist das Chinagras zu erwähnen, das man üblicherweise für Seilerwaren benutzt. Auf einigen bestimmten Inseln jedoch ist es schon vor vielen hundert Jahren gelungen, daraus einen sehr feinen Faden zu gewinnen, und ein Kimono, der aus solch einem Stoff hergestellt wird, kostet ein Vermögen von mehreren tausend Euro. Dieser herrlich weiche und leichte Stoff wurde in der Königszeit als Steuer erhoben und ging in die Hauptstadt Shuri.

Auch die lokale Religion, die heute noch ausgeübt wird, ist einzigartig. Es ist eine Naturreligion, die man am einfachsten als Schamanismus bezeichnen kann. Götter wohnen überall. Jeder Baum, jeder Stein, alles Lebendige und Nichtlebendige hat seinen Gott, und diese Götter teilen den Menschen über Schamanen, in Okinawa meist Frauen, ihre Wünsche und Befehle mit.

Auf den Ryūkyū-Inseln gibt es sehr viele Märchen oder besser gesagt Volkserzählungen, also *minwa*. Man kennt Göttergeschichten, Tiergeschichten, Märchen, Sagen, Legenden und auch Erzählungen, die als »chinesische Geschichten« bezeichnet werden.

Sie haben viele verschiedene Themen, Stiefkinder kommen oft vor, der ständige Krieg zwischen Schwiegermutter und Schwiegertochter wird gründlich behandelt, es gibt die Ehe zwischen Mensch und Tier. Das Tier kann unter anderem eine Schlange sein, eine Bärin, ein Fisch, oft ist es ein

Hund, oder es wird erzählt, daß unsere Ahnen einmal mit Affen verheiratet waren und deshalb die Menschen früher Schwänze besessen haben. Es gibt Einflüsse aus dem Westen: Eine Sage, die sehr stark an Odysseus und seine treue Gemahlin erinnert, ist bekannt, sogar ein Schneewittchenmärchen ist aufgezeichnet worden, und das in einem Land, in dem nie Schnee fällt. Es wird viel vom Meer erzählt, von den Sternen, die für Seefahrer von Bedeutung waren, und man kennt Geister und Phantasiegestalten.

Viele Erzählungen sind durch den Handelsverkehr auf die Inseln gelangt, haben sich eingebürgert und zum Teil lokal verändert. Aufgrund der Abgeschlossenheit der Inseln unterscheiden sie sich mitunter sogar von Insel zu Insel. Sie wurden hauptsächlich von Menschen, die weder schreiben noch lesen konnten, im Gedächtnis bewahrt und weitergegeben.

Im Jahre 1745 erschien dann in königlichem Auftrag als Zusatzband zu »Kyūyō«, der offiziellen Geschichte des Ryūkyū-Reiches, die Sammlung »Sagen von alten Leuten« (Irō setsuden). Der Band enthält 142 Überlieferungen von ganz Okinawa. Es sind Sagen, mythologische Erzählungen, Berichte über sogenannte *utaki*, wie die heiligen Orte genannt werden, aber auch Märchen und Geschichten darüber, wie die Inseln besiedelt worden sein sollen.

Die *minwa* von Okinawa waren lange Zeit in Japan nicht von besonderem Interesse, es gab nur wenige Sammlungen. Nach dem Zweiten Weltkrieg war Okinawa bis 1972 unter amerikanischer Verwaltung, und nach der Rückgabe an Japan begannen japanische Professoren, sich intensiv mit dem volkskundlichen Reichtum von Ryūkyū zu befassen. Hier sind besonders die Professoren Endō Shōji und Fukuda Akira zu erwähnen. In den 1980er Jahren erschienen die ersten Bände der auf 10 Bände geplanten Sammlung »Alte

Geschichten von den Südinseln«. Mit dieser Arbeit wollte man ganz Okinawa und die Amami-Inseln erfassen. Leider mußte der Verlag seine Arbeit einstellen, und die Sammlung ist nur bis zum 8. Band gekommen. Die jahrzehntelange Sammeltätigkeit war nur möglich durch intensive Feldarbeit der Forscher und ihrer Hilfskräfte. Auf vielen Inseln hatte man lokale Märchengruppen *(minwa no kai)* gegründet, die Märchen schriftlich festhielten oder auf Tonband aufnahmen. Hier sind besonders Sadoyama Anko von den Miyako-Inseln und seine Gruppe zu nennen. Sie haben besonders viel Material entdeckt und aufgezeichnet. Auch heute noch werden auf den vielen Inseln Volkserzählungen gesammelt, denn es gibt immer noch Material, das vorm Vergessen bewahrt werden sollte. Ich hoffe sehr, daß der große volkskundliche Schatz des Ryūkyū-Reiches für die Nachwelt erhalten werden kann.

ZUR AUSWAHL DER MÄRCHEN

Ich lebe seit über 30 Jahren in Japan. Seitdem befasse ich mich mit den hiesigen Märchen. Zunächst habe ich mit den Märchen Japanisch gelernt. Meine Familie, Freunde und Bekannte haben mir Märchen erzählt, ich habe mir Notizen gemacht und dann die Texte ins Deutsche übersetzt. Aus dieser Sammlung habe ich einige *minwa* für diesen Band ausgewählt. Dabei weise ich auch auf Parallelen oder Varianten, wie sie in japanischen Sammlungen vorkommen, hin.

Als man mir die Märchen erzählte, waren sie in einer vergleichsweise altertümlichen Sprache, also »märchenhaft«.

19

Ich habe versucht, diesen Stil beim Übersetzen beizubehalten.

Von einem deutschen Märchenforscher habe ich gehört, daß man in unserer Zeit keine Märchen mehr sammeln könne, sie seien bereits alle aufgeschrieben. Für Japan stimmt das wohl nicht ganz. Der Sammler Tateishi Noritoshi, um nur ein Beispiel zu nennen, sammelt auch heute noch Volksgut und hat bis dato etwa 8000 *minwa* aufzeichnen können. Ich selbst wurde im August 2004 zu einer Märchensammelaktion auf der Insel Sakishima im japanischen Binnenmeer, der Setosee, eingeladen, und ich konnte diese Arbeit miterleben und verfolgen.

Auf den Märchenreichtum von Ryūkyū bin ich schon bei meinem ersten Besuch der Okinawa-Inseln aufmerksam geworden. Durch Glück und Zufall habe ich dort volkskundliche Märchenforscher kennengelernt, allen voran Sadoyama Anko und Endō Shōji, der bis heute die Sagen, Märchen und Göttergeschichten Okinawas erfaßt. Mit Hilfe von einigen tausend Mitarbeitern ist es ihm gelungen, bisher etwa 73000 Erzählungen aufzuzeichnen. Endōs Arbeit wurde in vielen Fällen durch die jeweiligen Gemeinden unterstützt, und diese Gemeinden haben dann meistens auch das Märchengut drucken lassen. Deshalb gibt es auf den Okinawa-Inseln sehr viele lokale Publikationen.

Schon Japan ist für den Europäer ein exotisches Land, um so mehr ist es Okinawa. Aber die Menschen in Ostasien haben die gleichen Freuden, Wünsche und Hoffnungen, die gleichen Sorgen und Nöte wie die Menschen im Westen, und die *minwa* von Japan und Okinawa sprechen sicher auch nichtasiatische Leser an.

Die für diesen Band ausgewählten Erzählungen aus Okinawa stammen aus den »Yugatai«-Bänden, die

Sadoyama Anko herausgegeben hat, und zum großen Teil aus der Fülle der Sammlungen von Endō Shōji, besonders aus dem Buch »Okinawa no minwa«, das 1998 erschienen ist. Sie erscheinen hiermit zum allerersten Mal in deutscher Sprache, und soweit bekannt ist, sind sie vorher auch in keine andere nichtjapanische Sprache übersetzt worden.

Eine kurze Anmerkung zur Aussprache: Die Vokale, die mit einem Balken versehen sind, werden gedehnt ausgesprochen, das »sh« wie »sch« in der deutschen Sprache, das »j« wie bei »je« oder »jour« in der französischen Sprache.

Japanische Namen, die im Text erscheinen, werden auf japanische Weise genannt, also zuerst der Familienname, dann der Vorname.

Der Name »Endō« in Klammern nach den Erklärungen zu den Märchen von Okinawa weist darauf hin, daß diese Erläuterungen aus den Originaltexten von Endō Shōji stammen. Sodann weise ich noch auf das japanische Märchenlexikon »Nihon mukashibanashi jiten« hin, dem ich Informationen für diesen Band entnommen habe.

An dieser Stelle möchte ich nun meinen besonderen Dank an Hans-Christian Kirsch aussprechen. Nur ihm ist es letztendlich zu verdanken, daß diese Sammlung überhaupt in Deutschland erscheinen konnte. Der bekannte Märchensammler und -forscher hat sich mit großer Fachkenntnis den fernöstlichen Erzählungen gewidmet, mir viele wertvolle Ratschläge gegeben und mich immer wieder ermutigt, diese Märchen in Deutschland zu veröffentlichen. Herzlichen Dank, lieber Hans-Christian Kirsch!

Bedanken möchte ich mich auch bei Endō Shōji, der mir freundlicherweise erlaubt hat, aus seiner riesigen Sammlung von volkskundlichem Material über Okinawa Texte auszuwählen und zu verwenden.

Dank auch an Sadoyama Anko und die vielen hundert Sammler, die über 30 Jahre mit Professor Endō in Okinawa Feldforschung betrieben haben und auch heute noch betreiben.

Und nicht vergessen möchte ich meine Freunde und meine Familie in Japan, die mir Märchen erzählt und damit eigentlich den Anstoß zu dieser Arbeit gegeben haben.

Rotraud Saeki

Märchen und Sagen aus Japan

Maulwurf und Lerche

Der Maulwurf wohnt unter der Erde und arbeitet in der Nacht, die Lerche hingegen steigt hoch in den Himmel und singt im Angesicht der Sonne ihre Lieder. Es wird aber berichtet, daß es nicht immer so gewesen ist. Der Maulwurf sei in früheren Tagen auch bei Tage herumspaziert, und die Lerche habe, wie die meisten kleinen Singvögel, in geringerer Höhe gespielt. Warum nur haben die beiden ihre Gewohnheiten geändert?

Der Maulwurf hatte also früher, ganz früher, seine Wohnung in irgendeinem Gebüsch. In der Nacht schlief er, tagsüber ging er seinen Pflichten nach, und wenn er ein Nickerchen machen wollte, legte er sich auf einen kleinen Erdhügel vor seinem Bau und ließ sich von der Sonne bescheinen. Er war eigentlich recht glücklich, nur mußte er sich dann und wann über seine Nachbarin aufregen, die Lerche. Dieser muntere Vogel hatte besondere Freude daran, ständig ganz dicht über der Nase des Maulwurfs hinwegzufliegen und mit seinen Flugkünsten zu prahlen. Und immer wieder mußte die Lerche den Nachbarn hänseln: »He, Freund Maulwurf, sieh mal, wie gut ich fliegen kann! Ach, was ist das Fliegen doch herrlich, willst du es nicht auch einmal probieren?«

Die Lerche machte eine gewandte Drehung und wäre schier auf dem Kopf des Maulwurfs gelandet. Dieser war ganz geblendet und meinte: »Freilich, Nachbarin, ich würde gerne fliegen können. So lehre es mich doch!« – »Einverstanden, es ist ganz einfach. Zuerst also spreize ich meine Flügel, dann schlage ich sie schnell auf und ab, und schon steige ich hoch.« Und mit einem Triller erhob sich die Lerche in die Luft.

Der Maulwurf meinte, das sei doch leicht zu erlernen. Er stellte sich also auf seine Hinterbeinchen und schlug mit den Ärmchen heftig in die Luft. Schon glaubte er zu steigen, er zog die Hinterbeine an, aber er plumpste sogleich auf seine Nase. »Fester mußt du schlagen, Nachbar, streng dich an!« Der Maulwurf gab sich gewaltige Mühe, aber wie allen anderen Maulwürfen auch war es ihm nicht beschieden, die begehrte Kunstfertigkeit zu lernen. Immer wieder landete er auf seinem Näschen. »Es geht nicht, Lerche, es geht einfach nicht. Warum nur kann ich nicht hochkommen?« – »Du Dummkopf, siehst du denn nicht, daß ich Federn habe? Ohne Federn wirst du nie fliegen können!« Die Lerche kicherte schadenfroh und umtanzte den Maulwurf. Der haschte nach ihr, sie aber wich ihm geschickt aus. Sie umflog den armen Kerl immer wieder aus allernächster Nähe, bis dem der Kopf summte. Dann stieg die Lerche höher, aber noch lange war ihr Kichern zu hören, und der Gefoppte ärgerte sich fürchterlich. So ging es beinahe jeden Tag, der Maulwurf bekam gründlich schlechte Laune, und er begann, auf Vergeltung zu sinnen.

Nun geschah es eines Tages, als die Lerche gerade ihre Luftübungen absolvierte, daß zwei Eichelhäher rasend schnell angeflogen kamen. Um ein Haar hätten sie den kleinen Vogel überrannt. Sie entschuldigten sich höflichst, und dabei blieb der Blick der Lerche auf den beiden haften: Sie konnte ihre Äuglein nicht mehr von den prächtigen Gewändern der großen Vögel abwenden. Sie wurde schmerzlich gewahr, wie bescheiden doch eigentlich ihr braunes Kleidchen war, und heftiges Verlangen nach einem bunten Kleid erfaßte sie. Die Eichelhäher wollten sich eben gerade verabschieden, sie hatten es sehr eilig, denn sie waren in Geschäften unterwegs, da faßte sich der kleine Sänger schnell und fragte: »Liebe Herren, Ihr tragt sehr schöne Gewänder, wo kann man die denn erhalten? Ich würde mich zu gerne neu einkleiden!«

»Ach Fräulein Lerche, Kleider, wie wir sie tragen, werden besonders angefertigt. Sie sind sehr teuer, und wenn Ihr Euch ähnliche anschaffen wolltet, bräuchtet Ihr eine Menge Geld. Wir glauben jedoch nicht, daß Ihr jemals reich genug sein werdet!« Nach diesem Bescheid flogen die beiden noch einmal um die Lerche herum, um sich ja recht zu zeigen, dann entschwanden sie.

Die Lerche hing verdattert in der Luft, alle ihre Gedanken drehten sich um schöne Kleider, und auch darum, wie gut diese bestimmt zu ihr passen würden. Aber Geld, sogar viel Geld? Woher sollte sie das bekommen? Sie besaß keinen einzigen Pfennig. Sie überlegte hin und her, sie sah sich in bunte Kleider gehüllt, aber wie sie zu Geld kommen sollte, das wollte ihr nicht einfallen. Sie zerbrach sich das Köpfchen, und auf einmal erinnerte sie sich, daß man sich erzählte, der Maulwurf sei reich und habe viel Geld angehäuft. Ob es vielleicht möglich war, von ihm zu leihen? Sie wußte, daß sie den Maulwurf immer hänselte und der ihr nicht gut gesinnt war, aber ihr Wunsch nach Putz war übermächtig. Sie überblickte ihre Umgebung und sah, daß der Maulwurf vor seiner Wohnung ruhte, und sie flog, diesmal langsam und manierlich, zu ihm hin.

»Nachbar Maulwurf, guten Tag. Wie geht's?« Der Angeredete öffnete ein Auge. »Lieber Freund, ich habe eine große Bitte an dich. Mein braunes Kleid ist mir langweilig geworden, und ich möchte mir ein buntes kaufen. Das soll ziemlich viel kosten, und ich möchte dich bitten, mir von deinem Geld zu leihen.«

Nun öffnete der Angeredete auch noch das andere Auge und sah die Bittstellerin durchdringend an. Und wie er sie so betrachtete, keimte in ihm langsam die Idee, wie er sich für all die Quälereien, die er hatte erdulden müssen, rächen könne. Er sprach langsam: »Ja, ich besitze viel Geld, und ich will dir gerne gefällig sein und davon leihen.« Die Lerche fuhr, als sie das hörte, vor Freude in die Luft. Eben wollte sie von ihrer Dankbarkeit sprechen, als der Maulwurf weiterredete: »Ich habe aber dieses Geld im Augenblick nicht in den Händen, denn ich habe es der Sonne geliehen. Wenn du es von ihr zurückfordern kannst, soll es dir zur Verfügung stehen.« Die Lerche setzte sich vor Schreck auf ihr Schwänzchen: »Der Sonne geliehen?« – »Ja, der Sonne. Ich habe sie recht oft gemahnt, aber sie hat mir die Summe immer noch nicht zurückgezahlt. Wenn du das Geld holen kannst, ist es mir sehr recht.« Nach diesen Worten machte der Maulwurf beide Augen wieder zu und schlummerte ein.

Die Lerche saß da und überlegte fieberhaft: Die Sonne, die war so unendlich weit weg, aber bunte Kleider, bunte Kleider …, und der Nachbar war bereit, ihr das Geld dafür zu leihen. Sie stellte sich wieder vor, wie sie in prächtige Gewänder gekleidet sei, und ihr ererbtes Gefieder kam ihr immer schäbiger vor. Da faßte sie den Entschluß, zur Sonne hochzusteigen und von ihr das vom Maulwurf geliehene Geld zurückzufordern.

Die Lerche schüttelte ihre Flügel, ordnete ihre Federn, und dann trat sie die weite, weite Reise zur Sonne an. Sie stieg und stieg, ihr Ziel war zuerst nur eine kleine Scheibe am Himmel, und nur sehr allmählich wurde es größer. Sie stieg und stieg, schier wollte sie erlahmen, aber sie dachte immer wieder: »Bunte Kleider, bunte Kleider …« Nach langer, unendlich langer Anstrengung erreichte der kleine Vogel die Sonne, und ihr Gesicht stand nun riesengroß vor ihm. Sogleich begann die Lerche: »Guten Tag, Sonne. Du, Sonne, der Maulwurf schickt mich, du sollst mir das Geld, das du von ihm geliehen hast, zurückgeben!«

Die Sonne antwortete zuerst nicht, und die Lerche meinte, sie habe vielleicht nicht gehört. Und sie sagte nochmals, diesmal schon drängend: »He Sonne, gib mir das Geld, das dem Maulwurf gehört!« Da öffnete die Sonne langsam die Augen, sie blickte die Lerche streng an und sprach: »Was willst du denn eigentlich, du Schreihals?« – »Ei, der Maulwurf hat dir doch eine hübsche Summe Geld geliehen, die soll ich von dir zurückfordern!« Die Sonne überlegte ein wenig, dann antwortete sie, und ihre Stimme klang ungeduldig: »Ich habe beim Maulwurf kein Geld geliehen, gehe nur hinunter zu ihm und frage ihn nochmal genau. Und nun halte Ruhe!«

Die Sonne schloß ihre Augen wieder, die Lerche flatterte ratlos hin und her, dann ließ sie sich auf die Erde zurücksinken und eilte zum Maulwurf: »Nachbar, die Sonne behauptet, sie habe kein Geld von dir geliehen. Sie will mir nichts geben.« Der Maulwurf grinste verstohlen und antwortete: »Doch, doch, sie kann sich nur nicht mehr daran erinnern, sehr wohl hat die Sonne Geld von mir geliehen. Du mußt es dir holen, wenn du schöne Kleider haben willst.« Und er sah schadenfroh zu, wie die Lerche sich abmühte und abermals zur Sonne hochstieg. »Sonne, du sagst nicht die Wahrheit, gib mir jetzt das Geld vom Maulwurf zurück!« – »Ich habe kein Geld geliehen!« – »Der Maulwurf behauptet es aber!« – »Dann lügt er, frage ihn nochmal!« Wieder sank die Lerche zur Erde nieder, wieder behauptete der Maulwurf, das mit dem Geld sei ganz richtig, wieder stieg die Lerche in den Himmel, und wieder bedrängte sie die Sonne wegen des Geldes.

So ging es den ganzen langen Tag. Der Maulwurf bestand auf seiner Behauptung, die Lerche stieg empor und jammerte der Sonne die Ohren voll, die Sonne wies die Forderung zurück, und die Lerche fragte wiederum beim Maulwurf nach. Dieser freute sich sehr, als er sah, wie der Vogel sich abmühte und daß diesmal er es war, der die Lerche zum besten halten konnte.

Es wurde allmählich Abend, die Sonne rollte gegen Westen, und immer noch wollte die Lerche sich nicht zufriedengeben. Das Geschrei wurde der geplagten Sonne zu viel, und sie rief den Maulwurf an: »Warum lügst du denn so?« Der Maulwurf tat so, als ob er schliefe und nichts hören und sehen würde. Nun erhob sich die Sonne groß und gewaltig und schoß Garben feuriger Glut auf den Verleumder. Dieser mußte jetzt wohl oder übel aufstehen und versuchen, sich zu retten. Sein Pelzchen war im Nu versengt, er rannte verzweifelt hin und her und suchte einen Unterschlupf zum Schutz vor den brennenden Geschossen. Seine zornige Feindin aber verfolgte ihn weiter und ließ ihn nicht zur Ruhe kommen. Die Not wurde immer größer, da streckte auf einmal die Sonne ihren Arm aus, faßte den Maulwurf am Kragen und hob ihn empor zu ihrem Angesicht. »Du Lügenbold, wer hat Geld von dir geliehen? Schämst du dich nicht, mich den ganzen Tag lang so zu verleumden? Hinfort will ich dich nicht mehr sehen müssen. Wenn ich dich bei Tage über der Erde erwischen sollte, wird es dir übel ergehen. Hast du verstanden?« Die Sonne schüttelte den Missetäter, und der bettelte inständig um Vergebung. Die Sonne setzte endlich den Maulwurf unsanft nieder, schoß noch ein wenig mit Funken um sich, dann begab sie sich zur Ruhe.

Der Schwarzpelz hockte beklommen da, sein Herzchen schlug heftig. So hatte er sich die Sache nicht vorgestellt. Er hatte nur die Lerche ärgern wollen und sich nun die mächtige Sonne zur Feindin gemacht. Er mußte ab sofort sein Leben umdenken, und seufzend machte er sich daran, seine Wohnung unter die Erde zu verlegen. Er grub Gänge und eine Höhle, und noch in derselben Nacht zog er mit seinem gesamten Haushalt um in seine neue, unterirdische Bleibe. Und seither schläft der Maulwurf am Tag tief vergraben in der Erde, wo ihn die Sonne nicht sehen kann, und nur in der Nacht geht er seinen Beschäftigungen nach.

Und was ist wohl aus der Lerche geworden? Die will immer noch nicht glauben, daß die Sonne kein Geld zurückzugeben habe, und sie steigt jeden Tag hoch und bittet sie um das Geliehene, weil sie sich damit bunte Kleider kaufen will. Jeder von uns kann hören, wie sie im Angesicht der Sonne zwitschert.

Anmerkung:

In vielen Erzählungen in Japan tritt nicht der Maulwurf, sondern die Lerche als Verleiherin auf. Sie hat Geld der Sonne geliehen und fordert es zurück. Deshalb eilt sie zwischen Himmel und Erde hin und her, um die Sonne zu mahnen. Es gibt zahlreiche Varianten dieser Erzählung, es kann unter anderem auch Reis oder Hirse verliehen worden sein, und der Schuldner kann zum Beispiel eine Wachtel oder eine Feldmaus sein. In einer Version der *Ainu*, die im nördlichen Japan zu finden ist, hat ein Gott einer Maus etwas geliehen, und er schickt nun die Lerche zwischen Himmel und Erde hin und her, um es einzufordern (Endō, Nihon mukashibanashi jiten).

Es war einmal ein junger Geselle, der trieb Handel mit irdenen Waren. Auf einer seiner Fahrten im Sommer kam er auch einmal an einem Waldsee vorbei. Dort hörte er fröhliche Stimmen, neugierig schlich er sich näher, und da sah er, wie eine Schar junger Mädchen ausgelassen im Wasser spielte. Er schaute ihnen eine ganze Weile zu, sie gefielen ihm sehr. An den ringsherum stehenden Bäumen und Büschen hingen die Gewänder der Badenden, und sie waren herrlich gewebt.

Der junge Mann dachte: »So ein Kleid wollte ich schon immer gerne einmal besitzen«, und sachte, sachte zog er eine Robe mit ihrem passenden Gürtel vom Baum herunter und versteckte sie sorgfältig in einem seiner Tragekörbe. Dann machte er sich verstohlen davon. Es fügte sich nun, daß er auf seinem Heimweg am Abend an dem nämlichen See vorbeikam. Dieser lag nun still und verlassen in der Dämmerung da, aber als der Jüngling näher ans Ufer kam, hörte er ein ganz verzweifeltes Schluchzen. Und bald sah er, daß im Grase am Wasserrand ein wunderschönes Mädchen, so wie es der Himmel erschaffen hatte, saß und bitterlich weinte.

»Was hast du denn, warum vergießt du so arg Tränen?« fragte er freundlich. Die Schöne sah zu ihm auf und antwortete schluchzend: »Jemand hat mir mein Gewand genommen, und ohne es kann ich nicht in meine Heimat zurückkehren.« Sie weinte noch verzweifelter. Dies gab dem jungen Mann einen Stich, er wußte nun, daß das feine Kleid, das er am Morgen an sich genommen hatte, dem Mädchen gehörte. Sein gutes Herz mahnte ihn: »Gib die Kleidung zurück!«, und seine Hand zuckte bereits nach seinem Korbe. Das Mädchen aber war gar zu schön, und er dachte bei sich: »Wenn die Schöne nicht mehr heimzukehren vermag, dann kann ich sie vielleicht zur Frau gewinnen.« Deswegen sprach er: »Das ist schlimm, aber da ist wohl nichts zu machen. Höre, trockne deine Tränen, komm mit mir in meine Hütte und werde meine Frau. Ich will dich immer liebhaben und beschützen.«

Das Mädchen merkte bald, daß es keinen Ausweg gab, auch sah der Jüngling sehr freundlich aus, und sie faßte Zutrauen zu ihm. Sie gingen also zusammen in sein Haus, sie wurde seine Frau, und die beiden gewannen einander sehr lieb. Bald wurde ihnen auch ein Kindlein geboren, und sie lebten gut und zufrieden miteinander.

Nun geschah es eines Tages, daß die junge Frau allein zu Hause war. Sie hatte eben ihr Kind in den Schlaf gesungen, als sie gedankenverloren durch den Raum schaute. Dabei blieb ihr Blick an einem Bündel haften, das hoch unterm Dach aufgehängt war. Neugierde ergriff sie, sie kletterte eine Leiter hoch und holte das Bündel herunter. Sie öffnete es, und da fiel ihr das lange verloren geglaubte Gewand entgegen. Sie erschrak, nun wußte sie, wer das Kleid genommen und ihr dadurch die Heimkehr verwehrt hatte. Zuerst war sie zornig, dann aber dachte sie an all das Gute, das ihr Mann für sie getan hat. Sie konnte ihm nichts nachtragen. Aber sie besaß jetzt das Gewand wieder, und deshalb mußte sie in ihre Heimat zurückkehren. Sie legte das Kleid an, nahm ihr Kind auf den Arm und trat hinaus ins Freie.

Eben in diesem Augenblick kam ihr Gatte zurück. Schon von weitem sah er seine Frau in ihrem besonderen Gewand, und er ahnte nichts Gutes. Er kam schnell näher, aber seine Frau erhob sich langsam in die Luft. Da schrie er verzweifelt auf: »Verzeih mir, verzeih mir, geh nicht fort, ich habe dich doch so lieb! Bleib bei mir, bitte, bleib bei mir!« Die junge Frau antwortete traurig: »Ich kann nicht bleiben, ich bin kein Wesen von dieser Welt, ich bin eine Himmelsfee. Da ich jetzt das Kleid wiederhabe, muß ich in meine Heimat zurückkehren.« Nach diesen Worten schwebte sie immer höher. Der Mann konnte nur noch jammern und untröstlich weinen. Er vermochte gerade noch zu vernehmen, wie seine Liebste ihm zurief: »Wenn du uns wirklich wiedersehen willst, mußt du tausend Paare Strohsandalen machen und sie im Bambuswäldchen vergraben. Daraus wird ein großer Bambusstamm hervorwachsen, an den klammere dich fest, und er wird dich bis zum Himmel emportragen. Dann kannst du uns wiederfinden. Nun lebe wohl!« Als sie diese Worte gesprochen hatte, verschwand sie gänzlich in den Wolken.

Wie von Sinnen stürzte der Mann hinein in seine Hütte, und er begann sofort, Strohsandalen zu flechten. Jede andere Arbeit vergaß er, fast auch zu essen und zu trinken, und er gönnte sich weder Rast noch Ruh. Mit den vergehenden Tagen wuchs der Berg der Strohsandalen, er wurde größer, und in kurzer Zeit lagen 999 Paare fertig da. Und zu diesem Zeitpunkt konnte der Mann nicht länger seinen Schmerz und die Sehnsucht nach Frau und Kind bezwingen. Er lud die 999 Paare Sandalen auf einen Karren, brachte sie, wie es ihm die Fee gesagt hatte, zum Bambuswäldchen und vergrub sie dort. Er hatte die Erde darüber noch nicht richtig festgeklopft, als auch schon ein gewaltiger Bambusstamm aus dem Boden hervorschoß, gerade so, wie es die Frau angekündigt hatte. Ohne Zögern klammerte sich der Mann an den Stamm, und er wurde in Windeseile hoch und immer höher getragen. Schnell war er über den Wolken, die Erde unter ihm wurde kleiner und kleiner, und schon bald erkannte er die prächtigen Paläste des Himmels. Er konnte das himmlische Land beinahe mit der Hand berühren, da hörte der Bambus auf zu wachsen. Es fehlte ein einziges Paar Strohsandalen! 1000 Paare hätte er bringen sollen, aber er hatte nur 999 angefertigt. Der hohe Bambusstamm schwankte heftig hin und her, und der Mann versuchte, irgendwie den Himmel zu erreichen, aber alle seine Anstrengungen waren vergebens, der Stamm war zu kurz. Verzweifelt hing er daran und rief immer wieder den Namen seiner Frau.

Er befand sich jedoch ganz in der Nähe des Palastes seiner Gattin. Diese saß im Frauengemach und webte, als sie das Rufen ihres Namens vernahm. »Er ist gekommen«, freute sie sich und schritt hinaus auf die Balustrade. Und von dort aus konnte sie seine Not sehen. Sie streckte schnell den Arm aus und zog ihn zu sich hinauf. Die Freude der Gatten war groß, nicht genug konnten sie sich ansehen und sich Liebes und Gutes sagen. Schließlich und endlich nahm die Fee ihren Mann bei der Hand und führte ihn vor ihre Eltern. Die saßen im Prunkgemach und spielten mit ihrem kleinen Enkel. »Liebe Eltern«, sagte die Fee, »hier ist der Vater des Kindes, mein lieber Mann.« Die Alten machten freundliche Gesichter und begrüßten den Schwiegersohn mit scheinheiligem Lächeln. Sie waren nämlich recht verärgert, daß ein Mensch einfach, ohne sie vorher zu fragen, ihre Tochter zur Frau genommen hatte. Und sie wollten ihn wieder loswerden. »Gut«, sprach der Vater, »du kannst bei uns bleiben, aber vorher müssen wir wissen, ob du wirklich der rechte Mann für unsere Tochter bist. Du sollst zuerst einige Prüfungen bestehen. Hole also mit diesem Korb Wasser vom Brunnen!«

Der junge Mann ergriff den Korb, ging zum Brunnen, setzte sich nieder und weinte. Wie sollte er mit dem grobgeflochtenen Korb Wasser schöpfen können? Und wie er untröstlich weinte, kam seine Frau leise herbei, nahm den

Korb und legte ein großes Stück Ölpapier hinein. »Nun schöpfe!« sagte sie. Er tat wie geheißen und konnte dem Vater tatsächlich einen Korb voll mit Wasser bringen. Der Alte ärgerte sich fürchterlich. Er schnarrte: »Hier ist die zweite Prüfung: Nimm dieses Messer, geh in den Garten und schneide damit eine Melone der Länge nach auf!« Der junge Mann lachte, das schien ihm diesmal eine leichte Aufgabe zu sein. Er eilte in den Garten, suchte sich eine schöne Melone und wollte sie längs aufschneiden. Kaum hatte er sie aber auch nur angeritzt, brachen ungeheure Wassermassen aus ihr hervor und schwemmten ihn weg. Wie sollte er wissen, daß man im Himmel die Melonen niemals der Länge nach, sondern immer nur quer aufschneiden darf! Nun trieb er auf dem Wasser davon und wurde am Palast seiner Frau vorbeigerissen. Die falschen Eltern standen oben am Fenster, sie lachten und freuten sich, daß sie den unerwünschten Schwiegersohn loswurden.

Das Getöse rief auch die junge Frau an ein Fenster, sie sah das Unglück, aber diesmal konnte sie nicht helfen. Ihr Mann schrie wie wahnsinnig nach ihr, es war aber alles vergebens. Sie konnte ihm nur noch zurufen: »Am siebten an der Milchstraße, hörst du, triff mich am siebten an der Milchstraße, am siebten, am siebten!« Und dann trug ihn das Wasser ganz fort, und zwischen beiden strömte der große Himmelsfluß.

Am siebten Tag des Monats ging die junge Frau zur Milchstraße und wartete auf ihren Mann, aber er kam nicht. Auch im nächsten Monat wartete sie am siebten auf ihn, aber wiederum erschien er nicht. Sie ging jeden Monat am siebten Tag zur Milchstraße, setzte sich ans Ufer, wartete, weinte und sehnte sich nach ihrem Gatten. Und endlich, im siebten Monat am siebten Tag, konnte sie ihn treffen. Er war gekommen, um sie wiederzusehen. Als er in den wilden

Wellen gekämpft hatte, war es ihm nicht möglich gewesen, ihre Stimme deutlich zu vernehmen. Alles, was er verstehen konnte, war: »Am siebten siebten.«

Jedes Jahr nun, am 7.7., am Sternenfest, treffen sich Mann und Frau am Ufer der Milchstraße für einen Tag und eine Nacht. Nur in dieser Zeit ist es dem Mann möglich, das Wasser der Milchstraße zu überqueren und auf die Seite seiner Frau zu gelangen.

Anmerkung:

Am 7. Juli stehen die Sterne Vega und Altair in Konjunktion zueinander. An diesem Tag wird das Sternenfest Tanabata begangen. Man hofft, daß an diesem Tag gutes Wetter ist, damit sich das getrennte Paar ohne Schwierigkeiten treffen kann.

In meinem ersten Sommer in Japan, 1972, hat mir mein Mann am Tanabatafest dieses Märchen erzählt. Es gibt in ganz Japan bis hin nach Okinawa sehr viele Varianten, das Märchen soll ursprünglich aus China gekommen sein. Dort ist es die Geschichte von einer Weberin und einem Kuhhirten.

Der Fuchsgott,
der Sumo liebte

Vor langer Zeit gab es in der Gegend, wo heute die große Stadt Tokyo liegt, einmal einen kleinen Bergtempel. Darin lebten ein alter Mönch und ein Novize. Jeden Tag betete der Alte zu dem Herrn Buddha, und der Junge schlug dazu auf dem *mokugyo*, der Holztrommel, den Takt. Dieser Novize war sehr groß, dick und ungemein stark.

Nun geschah es seit einiger Zeit, daß er Abend für Abend, als er eigentlich ruhen sollte, leise aus dem Tempel verschwand. Der alte Mönch, der einen leichten Schlaf hatte, merkte bald, daß sein Schüler immer erst kurz vor Sonnenaufgang zurückkehrte. Er war dann jedesmal recht schmutzig und erhitzt. In einem Tempel aber hat rechte Ordnung zu herrschen, und ein Novize kann nicht einfach jede Nacht stillschweigend verschwinden. Darum stellte der Mönch seinen Schüler freundlich zur Rede: »Nun sag mal, wohin gehst du denn eigentlich jede Nacht? Ich habe schon geraume Zeit gemerkt, daß du erst kurz vor dem Morgengottesdienst hierher zurückkommst.«

Der Novize war einigermaßen verlegen, aber dann erzählte er doch seine Geschichte: »Ein vornehmer Mann, Herr Minbu, hat mich eingeladen, jeden Abend bei ihm zu essen und mit Spielen die Nacht zu verbringen. Lieber Vater, Ihr wißt ja, wie gerne ich gute Sachen esse.« – »Aha, und wo soll denn dieser Herr Minbu wohnen?« – »Sein prächtiges Haus steht in den Hügeln im Westen.« Der alte Mönch dachte bei sich: »Im Westen, da gibt es doch gar keine Häuser, dort ist nur wilder Wald. Wer das wohl sein mag, der Herr Minbu?«

Und er sprach: »Das muß ja ein freundlicher Mann sein. Ich denke, wir werden ihn einmal zu uns einladen. Ich möchte mich gerne für die Gastfreundschaft bedanken, die er dir gewährt. Wenn du ihn wieder triffst, rede mit ihm und bitte ihn hierher zu uns zu einer kleinen Feier.«

Der Novize freute sich, daß sein Meister die Geschichte so freundlich aufnahm, und beim nächsten Treffen lud er den Herrn Minbu ein zu sich in seinen Tempel. Der Herr sagte gerne zu, und am vereinbarten Tag erschien er in einer Sänfte, die von vier Knechten getragen wurde. Er war ein sehr stattlicher Herr.

Man aß und trank und wurde allmählich immer fröhlicher. Und als man genug getrunken hatte, begann Herr Minbu zu tanzen, und die Knechte klatschten den Takt dazu. Es wurde noch mehr getrunken, und dann forderte der Gast den Novizen zum Sumoringen auf. Schnell begaben sich alle in den Tempelhof, Herr Minbu und der Novize legten ihre Oberkleider ab und stellten sich in Positur. Der alte Mönch wurde besorgt. Herr Minbu war wohl ein kräftiger Mann, aber der Novize war viel dicker und größer. Ob der Kampf gutgehen würde?

Der Ringkampf begann, die Kämpfer ächzten und schwitzten, und welche Überraschung, Herr Minbu gewann! Der Novize wurde heiß und rot, der nächste Kampf begann, und wieder war der Gast der Sieger. In jedem Gang besiegte er den viel größeren Novizen. Nach einer gewissen Zeit bedankte sich Herr Minbu freundlich für die Gastlichkeit, kletterte in seine Sänfte und ließ sich von dannen tragen.

Der Novize sagte niedergeschlagen: »So geht es mir jede Nacht, ich kann nie gewinnen, er ist einfach viel zu stark.« Der alte Mönch nun hatte seinen Gast den ganzen Abend über genau beobachtet und dachte: »Das war gewiß kein

Mensch.« Er tröstete seinen Schüler und meinte: »Ich glaube, es gibt da ein Geheimnis, und dem wollen wir auf die Spur kommen. Führe mich nun nach Westen, dorthin, wo Herr Minbus Haus stehen soll.«

Sie gingen zusammen gegen Westen hin zum Wald. Und auf einmal erhob sich vor ihnen, in einer sonst ganz leeren Gegend, ein prächtiges Gebäude, es war fast wie ein Schloß anzusehen. Knechte kamen heraus und geleiteten sie hinein in einen prächtigen Saal. Dort saß Herr Minbu auf einem hohen Sitz, er war reich gekleidet und von vielem Gefolge umringt.

Der Mönch verneigte sich vor ihm und sprach: »Lieber Herr, Eure Stärke ist bewundernswert, ich kann nicht glauben, daß Ihr ein gewöhnlicher Mensch seid.« Herr Minbu lächelte freundlich, seine Gestalt wurde auf einmal wie durchsichtig, und plötzlich saß ein großer, weißer Fuchs auf dem Throne. Auch seine Dienerschaft hatte sich in Füchse verwandelt.

»Ja, du hast recht, ich bin kein Mensch, ich bin die Fuchsgottheit von Hachiōji. Seit meiner frühesten Kindheit liebe ich den Sumokampf. Mit allen Füchsen habe ich gekämpft, und ich bin immer der Stärkere gewesen. Da begann ich, mich unter den Menschen nach Gegnern umzusehen, und deswegen habe ich deinen Novizen zum Zweikampf aufgefordert. Da ihr nun wißt, wer wir wirklich sind, können wir nicht länger hierbleiben. Ich verlege meinen Sitz nach Kawagoe.«

Schon bei diesen Worten wurden die Füchse immer durchsichtiger, sie verschwammen, und dann waren sie verschwunden. Auch das prächtige Haus verging allmählich, und Mönch und Novize fanden sich mitten im Wald unterm Sternenhimmel wieder. Um sie herum kein Laut, nur das Rauschen der Gräser.

Anmerkung:

In Kawagoe steht ein Inari-Schrein. Er ist der Fuchsgottheit geweiht. Und diese Gottheit dort ist der besondere Schutzheilige der Sumoringer.

Falke und Schlange

Einst lebte in der Provinz Iyo auf der Insel Shikoku ein Mann, der früher Samurai gewesen war. Er hauste nun allein in den Wäldern, er ernährte sich durch Jagen, Fischen und Sammeln, er war ein wilder und furchtloser Mann.

Eines Tages ging er wieder einmal ins Gebirge, um nach seiner Nahrung zu suchen. Er durchstreifte die Berge und Täler, und dabei kam er nach einiger Zeit in eine ihm gänzlich unbekannte Gegend. Er traf auf ein klares Flüßchen, an dessen Ufer große Mengen schönster Wasserkresse wuchsen. Er sammelte sie fleißig in seinen Korb, langsam ging er flußaufwärts und gelangte endlich in ein tiefes Tal. Noch nie hatte er über diese Landstriche gehört, und deswegen kundschaftete er die Umgebung genauer aus. Das Tal endete schließlich bei einer großen Höhle, und dort schoß das Wasser heraus. In dem klaren Naß tummelte sich eine große Anzahl von Fischen, und der Jägersmann verspürte Hunger. Er machte Feuer, speerte sich einen Fisch, füllte ihn mit Wasserkresse und briet ihn über seinem Lagerfeuer.

»Das gibt heute eine treffliche Mahlzeit«, freute er sich, »so gut habe ich lange nicht mehr gegessen.« Als er seinen Fisch verzehrt hatte, wurde er gewahr, daß sich hinten bei der Höhle etwas bewegte. Neugierig ging er näher, und nun sah er, wie eine große, weiße Schlange und ein schöner Falke in einem gewaltigen Kampf umschlungen waren. Die Schlange hatte den Falken fast gänzlich umschlungen und war dabei, ihn zu erdrücken. Beides waren große und prächtige Tiere. »Es ist schade um jeden von ihnen«, meinte der Mann, »es hat lange Jahre gedauert, bis sie zu so vollendeten Geschöpfen herangewachsen sind. Keines soll umkommen.«

Mit diesen Worten nahm er einen langen, kräftigen Stock und stieß die Kämpfer an. Sie erschraken, die Schlange lockerte ihre Umschlingung, und der Falke konnte sich losmachen. Er schüttelte seine Schwingen und stieg in den Himmel.

Die Schlange aber zischte enttäuscht, sie funkelte den Menschen böse an, dann erhob sie ihr Haupt und blies ihm ihren giftigen Atem ins Gesicht. Der Mann taumelte zurück, und er vermochte nur schwer, wieder zu seinem Lagerplatz zu finden. Er fühlte sich sehr krank, mit Müh und Not, schwer auf seinen Stock gestützt und mit häufiger Rast, kehrte er in seine Hütte zurück. Dort streckte er sich sogleich auf seinem Lager nieder, und so lag er völlig hilflos da. Er lebte ganz allein und hatte niemanden zur Pflege, es mangelte ihm an Speise und sogar an frischem Wasser.

Eines Abends, als er stöhnend dalag und schon mit dem Leben abschließen wollte, hörte er ein Pochen an seiner Tür, und eine Stimme rief: »Ich bin ein müder Wanderer, gebt mir bitte ein Lager für die Nacht.« Die Schiebetür glitt offen, und es kam eine wunderschöne Frau herein, die hatte das zarteste, weiße Gesicht.

»Ich kann niemanden aufnehmen, ich bin krank und kann mir selber nicht helfen.« – »Habt Ihr denn keine Frau, die Euch pflegt?« – »Nein, ich lebe ganz allein, und ich sage Euch nochmal, daß ich Euch kein Nachtlager geben kann.« – »So beruhigt Euch doch, ich brauche nicht viel und mache Euch keine Umstände. Und um Euch kümmern werde ich mich auch.« Sogleich nahm die weiße Frau ein Tuch, tauchte es in Wasser und legte es auf die glühende Stirn des Leidenden. Dieser fühlte sich ein wenig wohler und schlummerte ruhig ein.

Auch am anderen Morgen blieb die Frau bei ihm und machte sich in der Hütte zu schaffen. Einmal ging sie in den Wald und kehrte mit unbekannten roten Früchten zurück. Die gab sie dem Mann als Arznei. Die Krankheit aber wollte nicht von ihm weichen, im Gegenteil, sie wurde immer ärger. Eines Nachts, als er glaubte, er sei wirklich jenseits von Gut und Böse und sein letzter Tag ganz nah, hatte er abermals einen Besucher. Diesmal war es ein Wanderpriester, der war in Braun gekleidet und hatte ein strenges, scharfes Gesicht.

»Ich habe vernommen, daß hier ein Kranker liegt, laßt sehen, ob ich ihm nicht helfen kann.« Er trat an das Krankenbett, betrachtete den Fiebernden, dann musterte er die weiße Frau mit stechenden Blicken. Diese schob vorsichtig das kleine Körbchen mit den unbekannten roten Früchten hinter ihren Rücken, um es zu verbergen. »Bei dieser Krankheit helfen nur die Eier eines Falken«, sagte der Priester schließlich zu der Frau, »wenn er sie genießt, kann er gesund werden. Auf dem Berg hinter dem Haus steht ein mächtiger alter Kiefernbaum. Auf dem alleroberster Ast ist ein Falkennest mit Eiern, die mußt du holen.«

Die Frau war nicht recht zufrieden, der Wanderpriester aber sah sie drohend an. Da ging sie denn hinaus und wanderte den Berg hoch. Und richtig, auf dessen Gipfel stand die Kiefer, von welcher der sonderbare Besucher geredet hatte. Die Frau blieb am Stamm des Baumes stehen, schaute in die Höhe, und bald konnte sie ganz oben ein Falkennest sehen. Wie aber sollte sie dorthin gelangen? Da warf sie plötzlich alle Kleider ab, ihr Körper streckte sich und wurde länger und länger. Endlich hatte sie sich in eine große, weiße Schlange verwandelt. Nun glitt sie den Kiefernstamm hoch, und es dauert nicht lange, da hatte sie das Nest erreicht. Sie sah hinein und konnte sogleich die beiden Eier, die darin lagen, ausmachen. Schnell wollte sie eines davon in ihren Rachen nehmen, da trafen sie die ersten Strahlen der Morgensonne, sie zuckte zurück und ließ erschrocken das Ei fahren.

Der Priester hatte in der Hütte bei dem Kranken gewacht. Auf einmal aber, eben ging gerade die Sonne auf, breitete er seine Arme aus, es wuchsen ihm Federn, und er verwandelte sich in einen prächtigen Falken. Mit einem schrillen Schrei erhob er sich in die Luft und flog hin zu seinem Nest. Dort begann erneut der Kampf der Tiere, diesmal im Reich des Vogels. Er tobte lange und schrecklich, und endlich konnte der Falke die Schlange überwinden. Im gleichen Augenblick, als die Schlange tot von der Kiefer stürzte, sprang der Jägersmann in der Hütte gesund auf. Die Krankheit, die ihm seine Feindin geschickt hatte, war verschwunden. Und er verstand, daß die Schlange vernichtet worden war.

Es tat ihm aber leid um das schöne Tier. Er ging wieder hin zu der Höhle, bei der er die Schlange und den Falken zum ersten Mal gesehen hatte. Dort lag die große, weiße Schlange, und alles Leben war von ihr gewichen. Er brannte Weihrauch ab und betete für sie. Er hatte begriffen, daß seine Einmischung keinerlei Einfluß gehabt hatte. Damals schon war die Schlange dem Tod geweiht gewesen, nur hatte dies für den Menschen nicht so ausgesehen. Jedem ist seine Zeit bestimmt, und wer wann und wo sein Leben aufgeben muß, das liegt nicht im Ermessen des Menschen.

Fortan betrachtete der Mann das Tal mit der großen Höhle als heilig und besuchte es aus Scheu nicht mehr.

Das Seegespenst

Dies ist eine Geschichte, welche die Fischer aus Tosa erzählen. Vor vielen, vielen Jahren rüstete man in all den Fischerdörfern an der Küste, wie in jedem Jahr, wieder die Schiffe, die auf Bonitofang gehen sollten. Die ersten Bonitos waren gesichtet worden, und die besten Männer eines gewissen Fischerdorfes bestiegen ein starkes Boot und fuhren hinaus auf die hohe See. Es war ein guter Tag für den ersten Fang, das Meer lag ruhig da, die Wellen hoben und senkten sich nur schwach, und am blauen Himmel lachte die Sonne.

Im Boot hatte sich einer der Fischer vorne im Ausguck eingerichtet, und er blickte aufmerksam über das Meer. Vorne, weit vorne schien die See zu schwellen, das Wasser zeigte sich dunkler, und große Fische sprangen. »He, der Bonito, hehe, der Bonito ist da!« Und sogleich begann auf dem Schiff ein geschäftiges Treiben. Man hatte alle notwendigen Geräte vorbereitet, jeder Mann nahm die seinen. Sie reihten sich auf beiden Bordseiten des Bootes auf, die Angeln wurden ausgeworfen, und bald konnten Schlag auf Schlag die stattlichen Fische hereingezogen werden. Der Boden war schnell mit um sich schlagenden Bonitos bedeckt, und die Fischer freuten sich über die reiche Beute. Zum Reden hatte keiner Zeit, jeder war tief in die Arbeit versunken, nur ab und zu hörte man Ausrufe: »Das ist aber ein großer!« oder auch: »Soviele gab es lange nicht mehr!«

Nach einiger Zeit wurde das Meer heller, der Fang geringer, die Schule der Fische war weitergezogen. Die Angeln wurden eingezogen, der Reichtum überblickt, und man war sehr zufrieden. »Die Saison hat gut angefangen«, meinte einer, »das Dorf wird sich freuen«, ein anderer. »Laßt uns heimfahren, die Frauen warten schon auf die Fische.« – »Ja, Männer, es wird Zeit, ich glaube, das Wetter will bald umschlagen.«

Man richtete also das Boot in Richtung Küste und wollte sich beeilen. Der Himmel hatte seine Farbe verändert, er war purpurfarben geworden, und auch die See drohte ganz violett, fast schwarz. Dazu wehte ein kalter Wind. Die Männer wollten eben gerade die Ruder eintauchen, um die Fahrt zu beschleunigen, da zeigte sich mit einem Male neben dem Schiff ein Strudel. Und unter Rauschen und Brausen tauchte ein riesiger, runder Kopf auf, er erhob sich hoch und höher, und schließlich stand ein haushohes Gespenst über dem Schiff und seiner zutiefst erschrockenen Besatzung. Kopf und Körper gingen ineinander über und hatten die Form einer Glocke, zwei kurze Arme besaß das Unding, zwei geschlitzte Augen und ein gewaltiges Maul. Das Ungeheuer betrachtete für eine Weile grinsend das Schiff, dabei stand es völlig still auf dem Wasser.

Die Besatzung hatte sich entsetzt auf die Knie geworfen und rief jammernd die Buddhas und die Götter an. Das Monstrum verzog sein Maul, und über dem Rauschen der See konnte man eine geisterhafte Stimme vernehmen: »Leiht mir einen Holzschöpfer, leiht mir einen Holzschöpfer!« Das Gespenst stand wie ein Turm über dem Schiff, die Männer wollten schier verzagen, und immer wieder hörten sie: »Leiht mir einen Holzschöpfer, leiht mir einen Holzschöpfer!« Da faßte sich einer der Fischer und rief verzagt hinauf: »Wir haben aber keinen Holzschöpfer!« – »Keinen Holzschöpfer?« – »Nein, wir haben keinen an Bord!«

Das Gespenst schien sich zu besinnen, dann versank es langsam und mit Brausen wieder in der Tiefe. Dort, wo es verschwunden war, blieben nur noch einige Wirbel. Gebannt starrten die Männer ins Wasser, die See nahm nun allmählich wieder ihre gewöhnliche Farbe an, und auch der Himmel hellte sich auf. Die Fischer kamen zu sich, sie stürzten an die Ruder, und wie toll arbeiteten sie sich an die Küste zurück. Daheim waren sie zuerst unfähig, ihr Entsetzen mitzuteilen, und sie redeten alle wirr durcheinander. Die Folgen der Erscheinung auf dem Meer begannen sich bald zu zeigen, die Seemänner fühlten sich schwach und elend, und mancher mußte sich sogar mit Fieber ins Bett legen.

Ihr Erlebnis sprach sich schnell herum, und alle Dorfbewohner bekamen es mit der Angst zu tun. Fast alle, nur ein paar verwegene Burschen nicht. Die fanden sich am Strand bei den Booten zusammen, beredeten, was sie gehört hatten, und wollten es nicht glauben. »Wer weiß, was die Männer gesehen haben! Vielleicht haben die zu viel Sake getrunken.« – »Ich glaube eher, die Sonne ist ihnen zu Kopf gestiegen. Wer hat denn schon von so einem Seeungeheuer gehört?« – »Ach ja, die Alten, es wird wohl Zeit, daß wir die Boote übernehmen.«

So schwätzen sie und machten sich über ihre Väter lustig. Und als sie sich die Köpfe genug heißgeschrien hatten, kam einer auf eine Idee: » Freunde, laßt uns ein Boot nehmen und hinausfahren zu der Stelle, an der angeblich das Seeungeheuer aufgetaucht sein soll, und nachschauen. Wenn wir dann zurück sind, können wir die Angsthasen tüchtig auslachen.«

Diese Rede stachelte die Burschen an, und sie machten sich sogleich an die Ausführung des Plans. Bei den Booten war niemand, keiner im Dorf dachte in diesen Stunden an eine Ausfahrt. Die Jungen schoben ein gutgebautes Boot ins Wasser und ruderten geschwind hinaus aufs Meer. Auch sie hatten Glück mit dem Wetter, die See lag ruhig, und der Himmel war blau. Sie ruderten kräftig und lachten und erzählten. Aber auch sie sollten das Seeungeheuer sehen. Plötzlich fuhr ein kalter Wind über sie hinweg, der Himmel wurde purpurfarben und das Meer violett, ja fast schwarz. Vor ihrem Boot fing es an zu strudeln, und mit Rauschen und Brausen tauchte das schreckliche Ding auf. Die Burschen fielen vor Grauen einfach um, das Gespenst erhob sich haushoch über sie und öffnete sein riesiges Maul: »Leiht mir einen Holzschöpfer, leiht mir einen Holzschöpfer!« So hallte es dumpf über das Wasser. Nun lag zufällig ein Holzschöpfer im Boot, einer der jungen Männer nahm ihn zitternd auf und warf ihn dem Scheusal zu. Das ergriff ihn, und sobald es ihn in seiner Hand hatte, wuchs der Holzschöpfer und wurde so groß, daß er zu einem angemessenen Werkzeug für das Unding wurde. Es lachte hohl, schöpfte Wasser aus dem Meer und goß es über das Boot und die schreienden Insassen aus. Und immer weiter schöpfte das Gespenst, schon saßen alle im Wasser, aber die schreckliche Erscheinung schöpfte und schöpfte. Das Boot wurde schwer, und sehr bald fing es an zu sinken. Die Burschen wußten sich nicht anders zu helfen, sie sprangen in die See und trieben in den Wellen. Ihr Feind fuhr fort, Wasser auf ihr Schiffchen zu gießen, und es dauerte nicht lange, da versank es ganz. Das schien dem Gespenst großes Vergnügen zu bereiten, lachend hatte es das Maul weit aufgerissen, dann war es endlich zufrieden, und es sank langsam wieder in die Tiefe hinunter. Dort, wo es auf dem Wasser gestanden hatte, war nur noch ein Strudel zu erblicken.

Die jungen Männer trieben im Wasser, sie sahen, wie Meer und Himmel wieder ihre gewöhnliche Farbe annahmen, und sie entdeckten auch den Holzschöpfer, der zurück auf seine ursprüngliche Größe geschrumpft war und von den Wellen fortgetragen wurde. Sie wandten sich zum Ufer und schwammen, so schnell sie konnten, auf die Küste zu.

Schreckensbleich und mit zitternden Beinen stiegen sie an Land, und sie waren nicht im geringsten in einem Zustand, die Fischer auszulachen. Im Gegenteil, sie mußten bestätigen, daß diese richtig gesehen und erzählt hatten.

Nun wagte sich kein Mensch mehr hinaus aufs Meer. Alle waren von der Furcht vor dem Ungeheuer wie gelähmt. So ging es eine gewisse Zeit, draußen sah man die Bonitos springen, keiner der Männer jedoch traute sich aufs Wasser, um sie zu fangen. Es war ein verzweifelter Zustand, und man mußte einen Ausweg finden. In dieser Not erinnerte man sich an den alten Gōsuke. Der war in jungen Jahren ein tüchtiger Walfänger gewesen und sehr weit herumgekommen. Vielleicht hatte einer wie er, der im Leben soviel gesehen hatte, einen brauchbaren Rat zu geben? Eine Abordnung der Fischer ging zu seinem Haus und bat um Hilfe. Gōsuke betrachtete die Männer, nahm einen Schluck Sake und begann: »Ja, auf dem Meer gibt es viel Unheimliches. Ich habe in meiner Jugend so manches gesehen, das ihr alle nie und nimmer glauben würdet.« Hier nahm er abermals einen Schluck Sake. »Nun, ich rate euch dieses: Fahrt aus wie gewohnt, nehmt aber einen Holzschöpfer mit euch, dem man den Boden herausgeschlagen hat. Den gebt dem Gespenst, wenn es sich zeigen sollte.« Als Gōsuke diese Worte gesprochen hatte, verlor er das Interesse an der ganzen Sache, und er wandte sich wieder seinem Reiswein zu.

Die Fischer verließen sein Haus, und es wurde beschlossen, am kommenden Morgen auszufahren. Man richtete einen Holzschöpfer so her, wie es der alte Gōsuke empfohlen hatte. Voll Angst und Sorge sahen die Dorfbewohner zu, wie das Schiff zur Ausfahrt gerüstet wurde. Würde das Abenteuer gutgehen, würden die Männer wohlbehalten zurückkehren?

Das Boot stieß ab, das Wetter war wunderbar, die See lag ganz still, und der Himmel wölbte sich wie eine blaue Glocke darüber. Die Fischer fuhren hinaus, und bald kamen sie an die Stelle, an der sich das Seeungeheuer gezeigt hatte. Und richtig, es dauerte gar nicht lange, da veränderte sich der Himmel, er wurde purpurfarben, und die See färbte sich fast schwarz. Ein kalter Wind wehte, und vor dem Schiff bildeten sich Wirbel. Angstvoll starrte die Besatzung aufs Wasser, und bald erhob sich unter mächtigem Brausen das Seegespenst langsam aus der Tiefe. Haushoch stand es über dem Boot und seinen verschreckten Insassen, es öffnete sein großes Maul und sprach hallend: »Leiht mir einen Holzschöpfer, leiht mir einen Holzschöpfer!« Der beherzteste von den Fischern ergriff den vorbereiteten Schöpfer und warf ihn dem schrecklichen Ding zu. Das nahm ihn freudig auf, und sofort wurde er groß und immer größer, bis er dem Gespenst gerade handlich war. Es grinste tückisch und fing an, Wasser aus der See zu schöpfen und über das Boot gießen zu wollen. Aber der Schöpfer besaß keinen Boden mehr, das Wasser floß hindurch, und das Schiffchen erlitt keinerlei Schaden.

Zuerst merkte das Ungeheuer nicht, daß es nicht nach seinem Willen ging, und es fuhr emsig fort, zu schöpfen. Aber allmählich fiel ihm doch auf, daß das Boot unversehrt vor ihm trieb. Da schöpfte es schneller und schneller, aber auch dann konnte es das Schiff nicht unter Wasser setzen und damit zum Sinken bringen. Es heulte und schöpfte, aber es war ihm nur Mißerfolg beschieden. Die Fischer faßten Mut, und nun schossen sie ihre Harpunen auf das Ungeheuer ab. Sie gingen durch seine Gestalt hindurch wie durch Wasser. Endlich warf es den Schöpfer weg, und brausend und klagend versank es im Meer. Nur ein Strudel blieb zurück. Nach einer Weile tauchte aus der Tiefe der bodenlose Schöpfer empor, und nun hatte er wieder seine gewöhnliche Größe. Jetzt wußten die Männer, daß das Seeungeheuer keine Macht mehr über sie hatte. Der Rat des alten Gōsuke war gut gewesen.

Seit dieser Zeit nehmen die Fischerboote der Provinz Kōchi, wenn sie in den Pazifik hinausfahren, immer einen Holzschöpfer mit, dem man den Boden herausgeschlagen hat. Und das Gespenst soll sich nicht mehr gezeigt haben, die Menschen hatten es überlistet.

Anmerkung:
Tosa ist der alte Name für die heutige Präfektur Kōchi. Der *Bonito* gehört zu der Familie der Thunfische. Er spielt in der japanischen Küche eine sehr wichtige Rolle.

Das Seeungeheuer ist oft unter der Bezeichnung *umibōzu* bekannt, also ein Gespenst, das sich in der Gestalt eines kahlen Kopfes zeigt und im Meer vorkommt.

Der alte Bauer
und der Sturmgott

Vor vielen, vielen Jahren lebte einmal auf der Insel Hachijōjima ein alter Bauer mit Namen Yasuke. Er war fleißig und arbeitete jeden Tag mit großer Freude auf seinen kleinen Feldern. Diese Felder hatte er auf ebenem Grund angelegt, und als es darum ging, für sich selber eine neue Hütte zu errichten, besaß er keinen flachen Boden mehr. Da wählte er einen Platz auf einem Hügel. Dieser Hügel lag zwischen zwei erloschenen Vulkanen, dem »Westberg« und dem »Ostberg«, und die Umgebung zwischen diesen beiden Bergkegeln war eine Durchgangsstraße der Winde. Man sagte schon seit langem, daß man dort möglichst keine Häuser bauen solle. Der alte Yasuke hoffte, daß der Sturmgott keinen Anstoß nehmen und seine Hütte verschonen werde.

Der Alte pflanzte hauptsächlich Süßkartoffeln, jeden Tag ging er auf seine Äcker, hackte den Boden auf, säuberte ihn von Unkraut und trug Wasser von einem nahen Teich herbei. Alle Nachbarn, die bei ihm vorbeikamen, grüßten artig und blieben für ein kurzes Schwätzchen stehen. Der fleißige alte Bauer war bei jedermann beliebt.

Yasuke hatte in seiner Wohnung einen kleinen Haustempel mit der Figur von Kannon Bosatsu, und er verehrte von Herzen die Göttin der Barmherzigkeit. Jeden Morgen und jeden Abend nahm er seinen Rosenkranz zwischen die Hände und vertraute der Göttin seine Freude, seine Hoffnungen und auch seinen Kummer an. Bis spät in die Nacht, während er noch häusliche Arbeiten verrichtete, betete er leise die Worte vor sich hin, die Kannon Bosatsu heilig sind.

Nun beschloß eines Tages der Sturmgott, wieder einmal Hachijōjima zu besuchen, und mit Wohlgefallen erinnerte er sich an seine Windstraße zwischen den beiden Vulkanen. Er fuhr durch die Luft, dicke Sturmwolken dienten ihm als Reittier, und in seinen Fäusten hielt er den riesigen Windsack. Er lockerte die Umschnürung an der Öffnung ein klein wenig, und »hui«, schon bekam das Meer weiße Kämme. Die Bäume auf der Insel wurden von den Böen erfaßt, sie peitschten heftig hin und her, und die Menschen suchten geschwind Schutz in ihren Behausungen. »Ho ho, hu hu«, lachte der Herr der Winde, »was ist es doch für eine schöne Gegend hier!« Und langsam zog er zu der Niederung zwischen den beiden Bergkegeln. Ganz vorne hatte im vergangenen Jahr ein reicher Bauer ein Gehöft errichtet, stark und aus Stein gebaut. Der Besitzer sah, wie der Sturm näher rückte, er ließ die Fenster und Türen verrammeln, zog sich in sein Wohnzimmer zurück und meinte: »Bei mir wird der alte Brüller nicht viel ausrichten können. Ja, wo Geld ist, kann man schon solide bauen und den Elementen trotzen!« Er steckte sein Pfeifchen an und machte es sich gemütlich.

Der Sturmgott sah das Hindernis und griff es sogleich erfreut an. Er ließ seine Winde um das Haus heulen, aber das Gebäude hielt stand. Der Besitzer kam ans Fenster, guckte hinaus, sah den Sturmgott, wie er durch die Luft ritt, und schrie: »Gib dir keine Mühe, die ganze Heulerei ist umsonst!« Der Sturmgott aber lachte nur, er lockerte die Schnur des Windsackes noch ein wenig mehr, und in wenigen Augenblicken war das ganze Anwesen abgedeckt, die Einrichtung wirbelte durch die Luft, und der reiche Mann saß im Freien.

Erfreut zog der Windgott tosend weiter. Er war mit seinem Erfolg zufrieden. Allmählich näherte er sich der Hütte des alten Yasuke. »Hui, was ist denn das für ein Häuschen, das wollen wir ein wenig durchblasen.« Er richtete die Öffnung des Windsackes direkt auf die Hütte, die Palmenbäume um sie herum neigten ihre Wedel bis auf die Erde, und das Dach der Hütte verrutschte, ja, der ganze Hügel schien umfallen zu wollen. Der alte Yasuke stand große Angst aus. Er hatte, gerade wie der reiche Nachbar, wohl gesehen, daß der Gott der Stürme im Anzuge war, und der Alte wußte genau, daß er sich nicht auf die Stärke seines Hauses verlassen konnte. Deshalb nahm er ohne Verzug seine Zuflucht zur Göttin der Barmherzigkeit. Er kniete vor ihrem kleinen Schrein und flehte leise um Hilfe: »O Kannon Bosatsu, bewahre meine Hütte und mich vor dem Sturm, o hilf, du Herrin der Barmherzigkeit!« Lange lag er so und betete, und er wagte nicht, hinaus in das Toben der Elemente zu schauen. Und Kannon Bosatsu, die Liebliche, gewährte ihm ihren Beistand.

Draußen schickte der Sturmgott immer mehr Winde gegen die Hütte, aber es geschah etwas Unverständliches. Die Winde konnten nicht an das Häuschen heran, sie prallten an einer unsichtbaren Wand ab und kehrten zu ihrem Gebieter zurück. Sie trafen ihn mit voller Wucht, und er stürzte schwer von seinem Wolkenroß herunter. Übel schlug er auf dem Erdboden auf, und auf seinem dicken Kopf wuchs ihm sogleich eine stattliche Beule. Brüllend bestieg er wieder sein Reittier, fuhr in die Höhe, riß die Schnur des Windsackes gänzlich auf und hielt ihn so nahe wie möglich gegen die arme Hütte. Nun griffen die stärksten Winde, die er besaß, an. Aber auch sie konnten nichts ausrichten, auch sie prallten an der unsichtbaren Mauer ab und kehrten zu ihrem Herrn zurück. Dieser stürzte abermals auf die Erde nieder, und schon zierten ihn zwei übergroße Beulen. »Was ist das nur, was ist los, ich kann nicht durch meine alte Straße ziehen. Wer ist mir da zuwider?«

Der alte Yasuke lag noch immer im Gebet, und gläubig schaute er seine Heiligenfigur an. Wie er die Figur so innig betrachtete, ging auf einmal ein goldener Schimmer von ihr aus, sie bewegte sich und wurde lebendig. Kannon Bosatsu stand leuchtend vor dem alten Mann und sprach mit lieblicher Stimme: »Yasuke, deine Hütte steht dem Sturmgott im Weg. Schon seit Urzeiten gehört ihm diese Straße zwischen den Bergen. Du solltest ihm kein Hindernis in den Weg legen. Ich werde deine Wohnung an einen besseren Platz bringen.«

Der alte Bauer starrte erschrocken auf die Erscheinung, diese wurde allmählich blasser, nun lag nur noch ein leiser Schimmer im Raum, dann war sie ganz verschwommen. Der Alte sah, daß der Heiligenschrein leer geworden war, die Göttin der Barmherzigkeit war verschwunden.

Draußen tobte der Sturmgott weiter, aber nur noch aus Pflichtbewußtsein, er wußte nicht recht, was er noch anstellen solle, um durch seine Straße ziehen zu können. Und wie er so im Herumbrummen war, erschien vor ihm ein goldenes Leuchten, und riesengroß, viel größer als er selber war, stand Kannon Bosatsu vor ihm. »Ich grüße dich, Herr der Winde!« – »Bist du es, Göttin der Barmherzigkeit? Warum läßt du mich denn hier nicht durch?« Der Sturmgott machte ein betretenes Gesicht, mit Kannon Bosatsu wollte er keinen Streit haben. »Verzeih, Herr der Winde, daß ich deinen Weg versperre. Warte nur eine kleine Weile, dann wird deine Straße frei sein!« Kannon Bosatsu beugte sich nieder, nahm Yasukes Hütte vorsichtig in ihre rechte Hand, hob sie auf, und dann setzte sie das ganze kleine Anwesen auf der anderen Seite des Berges an einer windgeschützten Stelle nieder.

»Zieh nun weiter, Sturmgott!« Damit verschwand Kannon Bosatsu wieder. Der Windgott guckte einigermaßen verblüfft, dann faßte er sich und heulte zufrieden seine alte Straße entlang. Endlich war sein Weg wieder frei geworden.

Die Göttin der Barmherzigkeit kehrte in ihren kleinen Schrein zurück, und Yasuke dankte aus tiefstem Herzen für die wunderbare Hilfe. Er sah, daß sein neuer Wohnplatz viel besser und sicherer war als der alte, und auch der Besitzer des Grundes hatte gar nichts dagegen einzuwenden, daß die Hütte dastand. Der alte Bauer lebte noch lange und zufrieden. Er baute seine Süßkartoffeln und hielt Schwätzchen mit den Nachbarn. Die Geschichte von der unglaublichen Rettung sprach sich auf der ganzen Insel herum, und man hütete sich wohl, dem Windgott auf seiner Straße Hindernisse in den Weg bauen zu wollen.

Der Waffenschmied
und der Zauberer

Vor langer, langer Zeit lebte in Etchū einmal ein namhafter Waffenschmied. Die Schwerter, die er schuf, gehörten zu den besten im ganzen Land, und von weither kamen Samurai, um sich eines seiner Kunstwerke zu sichern. Der Schmied lebte in behaglichem Wohlstand, aber diese Bequemlichkeit hatte ihn nicht träge werden lassen. Mit dem allererersten Hahnenschrei schon erhob er sich, er betete zu den Göttern des Feuers und des Eisens, dann begab er sich in seine Werkstatt und fing mit der Arbeit an. Den ganzen Tag über hörte man ihn hämmern, das Wasser zischte, wenn das glühende Eisen hineingehalten wurde, das Feuer brauste, und der Mann arbeitete, da die Schmiedekunst seine Freude war, ohne Ermattung. Am Abend begab er sich zurück in sein Wohnhaus, wo ihn seine einzige Tochter erwartete, und sie nahmen zusammen die Abendmahlzeit ein. Die Tochter war zu einer wunderschönen Jungfrau erblüht, und der Vater meinte, daß es allmählich an der Zeit sei, einen Gatten für sie zu finden.

Die Schönheit des Mädchens hatte sich herumgesprochen, und bald schon erschienen die ersten Freier. Es waren junge Waffenschmiede, und auch mancher Samurai zeigte Interesse. Einst sprach ein besonders stattlicher Ritter vor. Der führte dem Vater seine Gewandtheit mit dem Schwert vor, der Alte aber ließ sich nicht beeindrucken. »Ich brauche keinen Schwiegersohn, der eine Mücke im Flug mit seinem *katana* zerteilen kann. Wer meine Tochter zur Frau begehrt, muß ein tüchtiger Waffenschmied sein!«

Und der Vater befahl, daß man ein Schild schreibe und vor seinem Gehöft aufstelle. Darauf stand geschrieben: »Wer es vermag, in einer einzigen Nacht tausend Lanzenspitzen zu schmieden, der soll meine Tochter zur Frau erhalten.«

Die Dorfleute sahen die Ankündigung, die meisten lachten darüber und meinten: »Die Tochter wird wohl keinen Mann finden. Wer kann denn in einer Nacht eine solche Arbeit vollbringen?« Und von der Zeit an kamen keine Freier mehr.

Einer aber freute sich über das Schild. Auf dem Gebirge, in dessen Schatten das Dorf lag, hauste ein mächtiger Zauberer. Er gebot über die Kräfte der Erde und der Luft, und er begehrte schon lange die liebliche Tochter des Waffenschmieds. Für ihn war es nicht schwer, die Auflage des Vaters zu erfüllen. Nun war seine Gelegenheit gekommen, und schon sah er das Mädchen als seine Frau.

Eines Tages nahm er die Gestalt eines stattlichen jungen Mannes an und ging hinunter ins Dorf. Ohne Umwege suchte er das Schmiedeanwesen auf und ließ sich vor den Vater führen. Er sagte: »Herr, ich habe viel von der Schönheit Eurer Tochter vernommen, und ich wünsche mir das Mädchen zur Frau. Eure strenge Bedingung ist mir bekannt, und ich werde sie erfüllen. Führt mich in die Werkstatt!« Der Vater betrachtete den Jüngling mit Wohlgefallen und antwortete: »Meine Bedingung ist nicht leicht, das weiß ich wohl, aber du sollst dein Glück versuchen. Komm mit mir in die Schmiede!«

Die beiden Männer wandten sich zur Tür, und da kam eben in diesem Augenblick die Tochter ins Zimmer. Sie sah den Freier, und ihr Herz war getroffen. Noch nie hatte sie einen so anziehenden jungen Mann gesehen: Er war hochgewachsen, sein Lächeln war freundlich, und seine Augen unter den starken schwarzen Brauen blickten stolz. Er zog aus seinem Gewand eine weiße Lilie, die reichte er dem Mädchen, und sprach: »Bald, du Liebliche, werde ich dich heimführen!«

Die Männer gingen in die Schmiede, der Vater zeigte dem Brautwerber alle Einrichtungen und mahnte: »Vergiß nicht, die tausend Lanzenspitzen müssen bis zum allerersten Hahnenschrei vollendet sein. Fehlt nur eine einzige, dann hast du kein Anrecht auf das Mädchen!« – »Habt keine Sorge, Herr, ich werde rechtzeitig fertig sein.«

Der Alte ließ den jungen Mann allein, er hörte, wie das Schmiedefeuer angefacht wurde, und schon bald klangen Hammerschläge. Er ging zurück in sein Haus, und bevor er sich selber zur Ruhe legte, schaute er nach seiner Tochter. Das Mädchen schlief bereits ruhig, und auf dem Kopfkissen neben sich hatte es die weiße Lilie. »Es wäre mir schon recht, wenn der Junge seine Aufgabe erfüllen könnte«, dachte der Vater, dann begab er sich in seine Kammer.

Um Mitternacht ungefähr wurde der Schmiedemeister wach. Er lag eine Zeitlang still, dann wurde er unruhig. Etwas kam ihm seltsam vor, er überlegte angestrengt, und plötzlich wußte er, was es war: Aus der Schmiede kam kein Laut mehr, die Nacht war totenstill, das Hämmern in der Werkstatt hatte aufgehört.

»Was macht der Junge nur, er kann doch noch nicht fertig sein?« Der Vater erhob sich, die Sache ließ ihm keine Ruhe, und er wollte unbedingt wissen, was los war. Vorsichtig kroch er aus seiner Stube, schlich sich den Gang entlang, erreichte die Haustür, überquerte verstohlen den Hof und sah seine Schmiede. Aus dem Fenster fiel helles Licht, und es war ein sonderbares Rauschen zu hören. Sachte schlich er sich ans Fenster und lugte in den Raum hinein. Und was er da zu sehen bekam, wollte ihm fast das Blut in den Adern gefrieren lassen: Ein riesenhafter Dämon stand in der Schmiede, in den Händen hielt er ein gewaltiges Eisenstück, und auf das blies er mit seinem glühenden Atem. Es rauschte wie Sturmwind. Das Eisen wurde weich, und der Dämon zog mit bloßen Händen Stangen daraus. Diese Stangen führte er nacheinander in seinen Rachen, er biß zu, und sogleich fielen vollendete Lanzenspitzen auf die Erde nieder. Ein ganzer Berg davon lag bereits zu seinen Füßen, und der Schmied konnte sehen, daß das Ungeheuer nicht mehr lange brauchen würde, um die gestellte Aufgabe zu erfüllen.

Wie betäubt tastete sich der Vater zurück zu seinem Wohnhaus. »Um Himmels willen, das ist ja der alte Zauberer vom Berg drüben. Der will mir die Tochter rauben, und er wird sie sicherlich auffressen.« Der Schmied überlegte fieberhaft, was zu tun sei. Er war ein beherzter Mann, und ohne Kampf wollte er die Tochter nicht aufgeben. Was konnte er nur machen? Die Zeit wurde knapp, bis zum ersten Hahnenschrei waren es noch mehrere Stunden, der Zauberer aber hatte seine Arbeit beinahe bewältigt. Der Vater schaute in den Hof, und da sah er, wie der Haushahn vor dem Fenster auf seiner Bambusstange hockte und döste.

»Wie bring ich nur das Tier zum Krähen?« Gehetzt schaute er sich um, und dabei fiel sein Blick auf den Feuerherd. Dort stand auf dem Dreifuß über der Glut der eiserne Wasserkessel und dampfte noch. »Vielleicht kann ich den Hahn damit wecken!« Der Schmied nahm den Kessel, und in seiner Eile wurde er nicht einmal gewahr, wie sehr er sich die Hand verbrannte. Er ging ans Fenster, der hohle Bambusstamm reichte fast ins Haus hinein, und goß vorsichtig das heiße Wasser in die Röhre. Dampf stieg auf, er goß weiter, und allmählich wurde der Hahn unruhig. Er bekam warme Füße. Der Vater goß weiter, und nun bekam der Hahn heiße Füße. Er wackelte mit dem Kopf, trat von einem Beinchen auf das andere, er öffnete die Augen und fing an zu glucksen. »So kräh doch endlich, du Vieh!« jammerte der Vater und goß den Rest des kochenden Wassers in die Bambusröhre. Das war dem Hahn nun doch zu heiß, er riß den Schnabel auf, und laut schallte sein Weckruf durch die stille Nacht. Der Ruf drang bis in die Schmiede und überraschte dort den Zauberer. Der meinte, genug Zeit zu haben, und da sollte es doch schon Morgen geworden sein? »Habe ich zu lange gebraucht?« Er fuhr ans Fenster, und er konnte sehen, wie der Hahn sich streckte, mit den Flügeln schlug und krähte.

»Verloren, verloren, der Hahn hat gekräht. Ich bin nicht fertig geworden!« Der Dämon warf die Eisenstange, auf die er gerade hatte beißen wollen, klirrend auf die fertigen Lanzenspitzen, reckte sich riesengroß hoch und schoß durch das Dach aus der Schmiede heraus. Mit ungeheuren Sätzen sprang er zurück in seine Behausung auf dem Gebirge. Er kam an und glotzte wild um sich: Die Nacht war still und samtig, Sterne funkelten am Himmel, und im Osten wollte noch kein heller Schein die Sonne ankündigen. Er begriff, daß man ihn überlistet hatte, und nun tobte er in seinem Zorn gewaltig durch die Lüfte. Aber er war ohnmächtig, er hatte versprochen, bis zum allerersten Hahnenschrei tausend Lanzenspitzen vollenden zu wollen, aber die Arbeit war ihm nicht gelungen. Der Hahn hatte zuvor gekräht. Er besaß kein Anrecht auf die Tochter des Waffenschmiedes.

Drunten im Dorf eilte der Vater in seine Werkstatt. Der böse Freier war verschwunden, der Alte zählte die Lanzenspitzen und merkte entsetzt, daß es 999 waren. So nahe war das Mädchen dem Verderben gewesen, und seine Rettung war in der Tat wunderbar.

Als es Tag geworden war, berichtete er der Tochter von dem unheimlichen Werber. Sie war zufrieden, daß sie gerettet war, aber die Macht des Zauberers über sie hielt ihr ganzes Leben lang an. Sie hatte ihn als stattlichen jungen Schmied gesehen und konnte nie seine stolzen Augen vergessen. Sie erhörte in Zukunft keinen Mann und blieb für immer unvermählt.

Anmerkung:
Etchū ist der alte Name für die heutige Präfektur Toyama.

Im alten Japan erfreuten sich Waffenschmiede eines hohen Ansehens. Man zählte sie nicht zu den gemeinen Handwerkern, und auch in ihrer Arbeitskleidung, die an das Gewand des Shintōpriesters erinnerte, unterschieden sie sich von anderen Ständen.

Die Dachseminenz

Vor langen, langen Jahren wurde eines Tages den Bewohnern des kleinen Dorfes Yamashiro eine sehr große Aufregung beschert. Yamashiro lag in der Kōfu-Senke der heutigen Präfektur Yamanashi, und es war wirklich ein ganz kleines Dorf. Unversehens kam Kunde zum Dorfpriester, daß Seine Eminenz, der Erzabt vom Tempel Kenchō-ji in Kamakura, nun just den kleinen Weiler Yamashiro mit seinem Besuch beehren wolle! Man stelle sich diese Aufregung vor! Kenchō-ji war der vornehmste der Fünf Großen Zen-Tempel der alten Shōgunstadt, und sein Abt war einer der allerhöchsten Prälaten im ganzen Reich. Und diese Persönlichkeit sollte bereits nach Yamashiro unterwegs sein! Die Dorfleute konnten es nicht fassen, vor allen Häusern standen die Bauern und besprachen erschüttert das bevorstehende Ereignis. Der Dorfpriester konnte überhaupt nicht mehr schlafen, so aufgeregt war er, und er verbrachte viele Stunden mit dem Dorfvorsteher, in dessen Haus der hohe Besuch zwei Tage und eine Nacht weilen sollte: »Also, Dorfchef, das wißt Ihr ja, der Erzabt darf nur vegetarische Speise vorgesetzt bekommen, und da ist noch etwas, die Eminenz fürchtet sich arg vor Hunden. Für die Dauer des Besuches müssen all die Köter, die wir im Dorf haben, angebunden bleiben. Ach, Herr im Himmel, wenn nur alles gut über die Bühne geht!« Der Priester wischte sich den Schweiß von der Stirn und seufzte tief.

Man traf nun alle notwendigen Vorbereitungen, die Dorfhunde wurden ohne jede Ausnahme, trotz ihres laut kundgetanen Mißfallens, eingefangen und angebunden. Das Haus des Dorfvorstehers mußte einen noch nie gesehenen Großputz über sich ergehen lassen, und auch der Dorftempel, in dem der Prälat die Messe zu lesen wünschte, wurde schonungslos entrümpelt.

Als fast alles endlich vorbereitet war, meldeten auch schon die aufgestellten Wachposten das Herannahen des Geleitzuges. Die Dorfbewohner ließen alles stehen und liegen und rannten dem hohen Gast entgegen. Schon von weitem konnte man die prächtige Sänfte sehen. Starke Tempelknechte trugen sie, vor ihr und hinter ihr schritten Bewaffnete, der Erzabt hatte die Vorhänge zurückgeschlagen und schaute leutselig auf das Volk. Jeder warf sich geschwind auf die Knie und grüßte den Geistlichen mit seiner tiefsten Verneigung.

Der Zug erreichte die ersten Häuser, und am Dorfrand waren an einigen Bäumen ein paar Hunde ganz kurz angebunden. Als sie die Prozession und den Abt zu Gesicht bekamen, fingen sie an, das muß leider zu ihrer Schande mitgeteilt werden, ein fürchterliches Spektakel zu veranstalten. Sie jaulten und bellten und japsten und versuchten voll Wut, sich loszureißen. Da sie jedoch sicher und fest angebunden waren, hätten sie sich beinahe selber erwürgt. Der Abt erschrak ganz fürchterlich, verbarg schnell sein Antlitz hinter dem großen Amtsfächer und ließ eilig die Vorhänge der Sänfte nieder. Seine Knechte fielen in Trab und machten, daß sie an den heulenden Hunden vorbeikamen.

Der Zug erreichte das Haus des Dorfvorstehers, und man hob die Eminenz aus dem Tragestuhl. Würdevoll schritt er auf den Eingang zu, dort begrüßten ihn der Dorfpriester, der Schulze und seine Frau. Das Gesinde hielt sich im Hintergrund, so wie es befohlen worden war, ab und zu aber blitzte der rote Unterrock einer neugierigen Magd auf. Mit Bücklingen geleitete man den hohen Gast ins Prunkzimmer, bat ihn, Platz nehmen zu wollen, und brachte ihm

Tee. Der Abt gab sich wohlwollend, er befragte den lokalen Kollegen über seinen Tempel und seine Pfarrkinder, und er gratulierte dem Dorfchef zu seinem schönen Anwesen.

Langsam wurde es Abend, und endlich meldete, sehr zur Erleichterung des Gastgebers, der schon nicht mehr wußte, was er noch mit dem erlauchten Besuch reden solle, eine hübsche Magd, daß das Abendessen aufgetragen sei. Der Dorfschulze führte den Gast ins Speisezimmer, dort wartete die Hausfrau, die den Abt beim Essen bedienen wollte. Es war reichlich gesorgt worden, auf glänzenden Lackschalen hatte man ausgesuchte Köstlichkeiten von Wald und Feld angerichtet. Und auch der gute Reiswein fehlte nicht! Die Frau nahm das silberne Kesselchen mit dem warmen Sake und schickte sich an, dem Erzabt die Weinschale zu füllen. Dieser aber hob nicht, so wie es Sitte und Gewohnheit ist, die Schale der Gastgeberin entgegen, er zögerte und zeigte sich irgendwie bedrückt.

»Nun, hochwürdiger Herr, so reicht mir doch die Sakeschale!«

»Hm, hm, hm«, der hohe Priester räusperte sich, zauderte noch ein wenig, dann sagte er entschlossen: »Also, ich speise nicht gern, wenn mir jemand dabei zuschaut oder wenn man mich bedient. Ich esse lieber ganz unbeobachtet. Macht Euch weiter keine Mühe, stellt doch einen großen Wandschirm vor mich, damit ich in Ruhe und Frieden meine Mahlzeit zu mir nehmen kann.«

Die Frau war befremdet, aber da der Gast es so wollte, ließ sie einen prächtigen Wandschirm heranschaffen, und erst dahinter fühlte der Abt sich sicher.

Und nun fing hinter dem Wandschirm ein Schmatzen und Schlürfen an, wie man es im Haus des Dorfvorstehers noch nie gehört hatte. Teller klirrten und schienen vom Tisch zu fallen, ab und zu rollte sogar etwas unter dem

Schirm hervor. Dann hörte man ein lautes Rülpsen, die Eminenz schien gesättigt zu sein, und da erschien sie auch schon und sagte: »Ja, es hat mir gut geschmeckt, habt Dank für Eure Mühe und Sorgfalt.«

Der Hausherr brachte den Gast zurück ins Prunkzimmer, und die Frau rief die Mägde, um mit dem Aufräumen anzufangen. Als man den Wandschirm zusammenfaltete, kam ein schreckliches Durcheinander zutage: Die Schalen und Teller waren umgeworfen, Speisereste lagen überall verstreut, sogar an der Zimmerdecke und am Wandschirm klebten Reiskörner, der Tisch war umgestoßen, und die Suppe war auf die schönen, glänzenden Reisstrohmatten geflossen.

»Was ist das nur für eine Art zu speisen?« Die Hausfrau war sehr ungehalten, und die Mägde kicherten. Es dauerte eine ziemliche Weile, bis das Zimmer wieder in Ordnung und Sauberkeit erstrahlte.

Im Prunkzimmer legte der Hausherr eine Rolle des feinsten, weißesten Papiers vor den Besuch, rieb auf einem Tintenstein schöne schwarze Tusche, gab einen ganz neuen Pinsel heraus und bat den Gast: »Hochwürdiger Herr, ich möchte Euch bitten, uns als Erinnerung an Euren Besuch einen Spruch oder ein heiliges Wort auf diese Rolle zu schreiben. Wir wären sehr glücklich damit und wollen diese Schrift für alle Zeiten in allerhöchsten Ehren halten.«

Der Erzabt schien überrascht und verlegen über dieses Ansinnen, er drehte und wandte sich und wollte so gar nicht nach dem Pinsel greifen. Der Dorfvorsteher wunderte sich über dieses Verhalten, da die Geistlichkeit doch meist sehr gewandt mit dem Schreibzeug ist und gerne eine Probe ihres Könnens gibt. Erst nach wiederholtem Drängen nahm der Priester endlich den Pinsel auf, wischte ihn durch die Tusche, und klatsch, klatsch, klatsch, hatte er ihn in Windeseile quer über das ganze Papier gezogen. Kleckse spritzten, die Schriftzeichen waren genial und unleserlich zugleich, und sie hatten überhaupt keine Ähnlichkeit mit den gebräuchlichen Schriftbildern. Dennoch hob der Dorfchef das Papier voller Ehrfurcht auf, verbeugte sich vor dem Künstler und betrachtete das Geschriebene genauer.

»Das muß Sanskrit sein, die heilige Schrift des Buddhismus«, meinte er. »Und, o Herr, Ihr habt eine gar interessante Art Eurer persönlichen Unterschrift.« Das konnte er wohl sagen, denn dort, wo man üblicherweise als Signatur den speziellen Stempelabdruck des Schreibers erwartet, war ein roter, hundepfotenähnlicher Klecks zu sehen.

»Habt Dank, Herr Abt, diese Schrift wird immer zu unseren größten Schätzen gehören!« Und wieder verbeugte er sich tief.

Es wurde späte Nacht, und man zeigte dem Gast das Schlafgemach, wo ihm ein prächtiges und weiches Lager bereitet war. Besuch und Hausherr schienen beide recht froh, als sie sich endlich für die Nachtruhe verabschieden durften. Und bald lag das Anwesen in tiefem Schlaf. Aus der Ferne hörte man manchmal das Protestieren der angeleinten Dorfhunde, und wir wollen hoffen, daß Seine Eminenz dadurch nicht aus ihrem wohlverdienten Schlummer aufgestört worden sind.

Am nächsten Morgen trug man den Erzabt vom Kenchō-ji zum Dorftempel, dort zelebrierte er eine feierliche Messe. Das ganze Dorf war erschienen und nahm am Gottesdienst teil. Nie hat man solch eine Andacht erlebt! Der Prälat saß, in seine Brokatgewänder gehüllt, am Hauptaltar und murmelte, was doch ein Sutra sein mußte. In den Händen hielt er einen großen Rosenkranz aus Sandelholzperlen. Kerzen flackerten, der Weihrauch schwelte an die Decke, der Dorfpriester schlug den *mokugyo,* die hölzerne Trommel, und die versammelte Gemeinde sang das Herzsutra. Ein jeder war zutiefst ergriffen, und das konnte er auch sein: Wie oft erlebt man als Dorfbewohner schon, daß in einem kleinen Landtempel ein Fürst der Kirche den Gottesdienst abhält?

Nach der Messe trug man den Erzabt durch die Felder, damit er sie segne. Später nahm er dann, bei geschlossenen Vorhängen in seiner Sänfte, einen Imbiß zu sich, niemand konnte ihm dabei zusehen. Nur wunderte sich so mancher, als er die Vorhänge endlich wieder aufzog, daß sein Gesicht und seine Hände sehr beschmiert waren. Aber das schrieb man seinen Jahren zu, und ein Tempelknecht beeilte sich, den Würdenträger sauberzuwischen.

Am späten Mittag kehrte man zum Anwesen des Dorf-chefs zurück, der Erzabt begab sich abermals ins Prunkzimmer und hielt Audienz für die Dorfhierarchie. Nach einer Weile trat der Schulze zu ihm und sagte: »Hochwürden, wir haben das Bad bereitet. So wollt Ihr denn vor Eurer Abreise die Wohltat des heißen Wassers genießen!« Der Priester erschrak ziemlich, er faßte er sich jedoch geschwind und erwiderte: »Ich bade nie, das Wasser bekommt mir nicht.«

»Aber Herr, wir haben das Wasser eigens von der Heilquelle oben im Wald holen lassen. Sicher wird Euch ein Bad wohltun. Dieses besondere Wasser heilt alle Gebrechen und gibt feine, glatte Haut.«

»Nun, wenn das wirklich so ist, wie Ihr behauptet, lasse ich mich dieses Mal überreden.« Der Erzabt wurde zur Badestube gebracht. »Soll ich eine hübsche Magd schicken, die Euch den Rücken schrubbt?« Bei diesem Ansinnen wurde der Priester blaß: »Nein, nein, ist schon gut, ich komme alleine zurecht. Und daß mir auf keinen Fall jemand reinkommt, solange ich in der Wanne sitze, verstanden! Ich bin so genierlich!«

Man gehorchte dem Gebot des Gastes und überließ ihn sich selber. Aber der gesamte Haushalt mußte sich wundern: Von der Badestube her plantschte und platschte es ganz arg, man hätte meinen können, eine Schar Kinder vergnüge sich im Wasser und nicht ein ehrwürdiger, betagter Erzabt. Der Gast kam mit seiner Reinigung zu Ende, und sich wohlig streckend schritt er aus dem Bad zurück und bestieg seine Sänfte, um die Heimreise anzutreten.

Der Frau des Dorfvorstehers standen noch ein paar verwunderte Augenblicke bevor, als sie die Badestube in Augenschein nahm: Die Badeutensilien lagen verstreut herum, sogar bis an die Decke gab es Wasserspritzer, und auf dem trüben Wasserrest in der Wanne schwammen weiße, kurze Borsten. »Ein sonderbarer Gast«, seufzte die Frau und machte sich ans Aufräumen.

Vor dem Anwesen hatte sich das ganze Dorf versammelt, um von dem hohen Geistlichen Abschied zu nehmen. Huldvoll nickte er dem Volke zu und segnete es noch einmal. Dann hoben die Tempelknechte die Sänfte an, und der Zug wand sich langsam aus der Ansiedlung heraus. Bis an die Grenze gab man das Geleit, auch die immer noch angebundenen Hunde sagten kräftig ihre Meinung, dann konnten die Bauern zu ihren Pflichten zurückkehren. Der erlauchte Besuch war ohne Zwischenfall vorübergegangen, besonders der Dorfchef und der Dorfpriester atmeten auf, und das Landvolk hatte für Jahre hinaus einen großartigen Gesprächsstoff.

Aber die Geschichte sollte doch noch nicht zu Ende sein. Die Sänfte des Erzabtes erreichte den Wald, und auf einmal kamen von den Bergen wilde Hunde herab. Wütend kläffend und heulend stürzten sie sich auf den Tragestuhl, der Prälat verkroch sich zitternd in seiner Robe, die Knechte schlugen um sich und wollten die Bestien abwehren, und alle brüllten um Hilfe. Die Hunde jedoch waren zu viele, die Bewaffneten konnten ihrer nicht sogleich Herr werden, und ein Novize jagte zum Dorf hinunter, um Verstärkung zu rufen. Die erschrockenen Bauern eilten, wie sie nur konnten, sie hatten sich mit Hacken und Sensen bewappnet. Aber als sie hoch in den Wald kamen, war es den wilden Hunden schon gelungen, in die Sänfte einzudringen, und sie hatten den Erzabt sehr übel zugerichtet. Besinnungslos lag er in seinen Kissen, die Gewänder waren ihm zerrissen, und er blutete aus vielen Bißwunden. Die Bauern droschen auf die Hunde ein, und diese wichen der Übermacht, wenn auch nur merkwürdig zögernd. Als endlich auch das allerletzte Raubtier vertrieben war, konnte man sich um die Eminenz bemühen, und es sah leider sehr schlecht aus. Im Eilschritt schleppte man die Sänfte zurück ins Dorf, der Heilkundige wurde gerufen, aber der mußte bald den Kopf schütteln. Als die Nacht hereinbrach, verschied der Erzabt vom Tempel Kenchō-ji, ohne noch einmal die Besinnung wiedererlangt zu haben.

Das war ein schlimmer Schrecken für die armen Bewohner vom Dorfe Yamashiro. Man schickte einen Eilboten zum Kenchō-ji, und den Abt bahrte man im Haus des Dorfvorstehers auf. Sein Gesicht wurde mit einem reinweißen Tuch bedeckt, zu seinem Haupte stellte man Kerzen und Weihrauchkesselchen, und dann fanden sich die Dorfbewohner für die Totenwache ein. Der Dorfpriester waltete seines Amtes, er las die gebräuchlichen heiligen Worte, und der vertraute Schlag des *mokugyo* klang traurig durch die Nachtstille. Überall war ein Schluchzen und ein Schniefen, kein Auge blieb trocken.

Langsam, sehr langsam dämmerte der neue Tag herauf. Jeder wartete auf die Geistlichen vom Kenchō-ji, die ihren Herrn heimholen sollten. Nun deckte der Dorfvorsteher das Tuch, mit dem das Antlitz des erlauchten Toten verhüllt war, ab, er wollte noch einmal das würdige Haupt sehen. Und mit einem Aufschrei fuhr er zurück, dann riß er hastig die ganze Bettdecke weg. Die Trauergemeinde schrie auf: Im Bett lag kein Mensch, nein, darin lag ein riesiger, über und über mit Bißwunden bedeckter Dachs!

Die Priester vom Tempel Kenchō-ji, die nun eintrafen, erklärten sich die Sache folgendermaßen: Man hatte unter den Gemächern des Erzabtes eine Dachshöhle entdeckt. Und deren zauberkundiger Bewohner mußte den echten Kirchenfürsten aufgefressen haben, dessen Gestalt angenommen und dann als Erzabt aufgetreten sein. Wann das wohl geschehen war, wußte kein Mensch. Aber jeder konnte von irgendeiner Sonderlichkeit des Abtes in den letzten Wochen und Monaten berichten. Man hatte es dem Alter des Herrn zugeschrieben. Und jetzt begriff man auch, warum er auf so unordentliche Art und Weise Nahrung zu sich nahm: Er aß schließlich nicht wie ein Mensch, er fraß wie ein Dachs. Von der Baderei ganz zu schweigen!

Die Schriftrolle, welche die Dachseminenz beschmiert haben soll, wird immer noch als große Kostbarkeit im Dorf Yamashiro aufbewahrt. Und seither sagt man, wenn ein Mensch sehr unsauber speist: »Der ißt wie der Erzabt vom Kenchō-ji!«

Anmerkung:
Der Dachs soll nach japanischer Vorstellung zauberkundig sein. Er verwandelt sich gerne und versucht, die Menschen zu necken oder, schlimmer noch, zu betrügen.

DAS HAUS DER GRASMÜCKEN

Vor vielen Jahren zog einmal ein junger Händler durch die Lande. Er bot Kämme, Haarnadeln, Bänder und Schleifen, wie sie sich Frauen gerne in die Haare stecken, feil. Es war ein Frühlingstag, der Mann war schon vom Morgengrauen an mit seinen Waren unterwegs, aber es wollte sich keine Kundschaft finden. Er meinte jedoch, er müsse auf jeden Fall einen Teil seiner Ware loswerden, und deshalb schlug er einen Pfad ein, den er noch nie gegangen war. Vielleicht hatte auf der anderen Seite der Berge jemand Interesse an seinem Angebot.

Er schritt rüstig voran, der Wald um ihn her wurde dichter, und endlich merkte er, daß er den Weg verloren hatte. Zögernd ging er weiter, und er kam in einen Bambuswald. Die schlanken, hohen Wedel rauschten leise und neigten sich im Winde, sonst war kein Laut zu hören. Der junge Mann ging weiter, irgendwo mußte der Wald doch zu Ende sein, und endlich erreichte er eine Lichtung. Nun mußte er sich die Augen reiben: In der Lichtung stand der schönste Pflaumenbaum, und seine zarten rosa Blütchen waren gerade aufgebrochen. Erfreut ging er näher, und er sollte sich noch mehr wundern. Hinter dem Baumstamm kam ein allerliebstes Mädchen hervor. Es war prächtig gekleidet, und rabenschwarze Haare umflossen sein milchweißes Angesicht. Die Schöne lächelte ihn freundlich an, und noch bevor sich der Jüngling von seinem Erstaunen erholen konnte, traten noch eine Jungfrau und noch eine und eine vierte hinter dem Pflaumenbaum hervor.

»Erschrick nicht!« sagte die erste, »du bist jetzt in unserem Garten, und immer wenn die Pflaumen blühen, dann

tanzen und spielen wir hier. Willst du nicht mitmachen?«
Der Mann verstand nicht, wohin er eigentlich geraten war,
aber die schönen Mädchen gefielen ihm, und er wollte gerne bei ihnen verweilen. Sie faßten ihn an den Händen, zogen ihn in ihren Kreis, und unter Lachen und Gesang
umtanzten sie alle den blühenden Baum. Die Stunden ver-
flogen, und viel zu schnell senkte sich der Abend. Da sagte
eines der Mädchen: »Komm doch mit in unser Haus, die
Mutter wird sich freuen, wenn ein Gast vorspricht!« Der
Händler ließ sich sehr gerne von den Schönen führen, sie
gingen zusammen weiter durch den Bambuswald, und bald
war zwischen den ranken Stämmen ein prächtiges Haus zu
sehen. Behäbig und reich stand es da, es hatte Speicher und
Ställe zu seinen Seiten, und eine hohe Mauer umgab das
Anwesen. Hier hinein leiteten die Mädchen ihren Gast und
riefen nach der Mutter. Die kam bald aus den inneren Gemächern, auch sie war stattlich gekleidet, und eine Haube
bedeckte ihr graues Haar.

»Lieber Fremdling, seid willkommen in meiner Wohnung. Ruht Euch aus und laßt Euch mit Speis und Trank
erquicken.« Man nötigte den Gast auf weiche Kissen, und
köstliche Speisen, wie er sie noch nie gegessen hatte, wurden ihm aufgetragen. Mutter und Töchter leisteten ihm
Gesellschaft, und als er seinen Hunger gestillt hatte, fragten ihn die Mädchen neugierig nach seinem Gewerbe. Da
breitete er seine Waren vor ihnen aus, und die vier Fräulein hatten eine solche Freude an den Kämmen und Haarnadeln, daß sie ihm alles abkauften. Die Mutter betrachtete das Treiben sehr zufrieden, und als der Händler sich
zum Aufbruch rüsten wollte, sprach sie: »Lieber Herr,
wollt Ihr nicht für die Nacht unser Gast sein? Wir hier in
unserer Einsamkeit sehen selten Menschen, und ein junger Mann wie Ihr kommt schon gar nicht zu uns. Ja, wenn

es Euch gefällt, so bleibt doch für immer bei uns, wählt eine von meinen Töchtern zur Frau und seid mir als Sohn willkommen.«

Der Handelsmann wollte zuerst seinen Ohren nicht trauen, die vier Mädchen jedoch klatschten in die Hände, tanzten um ihn herum und zwitscherten: »O ja, bleib bei uns, das wäre gar zu schön!« Der Jüngling bedachte sich nicht lange, er hatte keine Familie, die auf ihn wartete, und nun glaubte er sich wie im Paradies, als er dieses Angebot hörte. Gerne ließ er sich überreden, und er wählte sich die älteste Tochter zur Gattin. Man feierte sogleich die Hochzeit, und dann fing das herrlichste Leben an. Jeden Tag spielen und tanzen, essen und trinken, er ruhte auf den weichesten Kissen, und seine Frau und ihre Schwestern lasen ihm den kleinsten Wunsch von den Augen ab. Er führte ein Leben wie ein Prinz.

Die Zeit schritt voran, und bald war schon ein Jahr vergangen. Wieder war es Frühling geworden, und eines Tages kamen die Alte und ihre vier Töchter zu dem jungen Mann ins Zimmer. Die Mutter sagte: »Wir wollen uns, wie jedes Jahr, auch diesmal einen schönen Tag in der Natur machen. Wie Ihr wißt, mein Sohn, blühen nun die Pflaumen, und daran möchten wir uns erfreuen. Bleibt Ihr bitte daheim und hütet unser Anwesen. Und solltet Ihr Langeweile bekommen, dann geht nur und betrachtet Euch unsere Schätze in den Speichern. Es gibt nur eine Bedingung: Drei Speicher stehen Euch offen, den vierten aber dürft Ihr unter keinen Umständen betreten!«

Das versprach der Mann gerne, Mutter und Töchter rüsteten sich zu ihrem Ausflug, und beim Abschied sagte die alte Frau abermals: »Vergeßt es nicht, den vierten Speicher dürft Ihr nicht öffnen, der Zutritt ist Euch verboten!« Und danach brachen die Frauen auf.

Der Mann ging in sein Zimmer, rauchte ein Pfeifchen, schlummerte ein wenig, aß hier eine Leckerei, trank dort ein Gläschen, der Tag aber dehnte sich, und allmählich wußte er nicht mehr, was er tun solle. »Na, da kann ich mir doch einmal die Speicher betrachten«, meinte er und ging nach draußen. Er kam zum ersten Speicher, und als er nur an den Türgriff faßte, tat sich das große Tor ganz von selber auf. Er trat ein, er wurde zum Vogel und flog über das blaue Meer. Unter ihm glänzten die Wellen, Fische spielten im Wasser, in der Ferne sah er Inseln, und über allem stand die heiße Sonne. Es war Sommer. »Ach, das ist ja wunderbar, so als Vogel zu schweben.« Er ergötzte sich lange, bei einer Insel rastete er auf einem Baum, dann flog er wieder langsam zu seinem Ausgangspunkt zurück. Er verwandelte wieder in einen Menschen und trat zufrieden aus dem Speicher heraus. Nun ging er zum zweiten Gewölbe, auch hier tat sich das große Tor von selber auf, er schritt hinein, verwandelte sich in einen Vogel und flog über die schönste Herbstlandschaft. Die Bäume flammten rot und gold, der Himmel strahlte tiefblau, und in den Feldern neigte sich der reife Reis. Der Mann schaute sich um nach Herzenslust, er pickte zu seiner Erquickung an reifen Früchten, und als er sich satt gesehen hatte, flog er zurück und wurde zum Menschen. Er trat aus der Herbstlandschaft hervor und meinte: »Was mag wohl im dritten Speicher zu sehen sein?« Er ging sogleich dorthin, wieder sprang das Tor für ihn auf, er wurde zum Vogel, und nun flog er über ein Land im silbernen Winterschmuck. Tiefer Schnee bedeckte Berg und Tal, die Bäume standen von funkelndem Rauhreif umsponnen, und es war ganz still. Der Menschenvogel glitt leise über die verzauberte Landschaft, und noch nie war ihm der Winter so schön erschienen. Als er endlich müde wurde, kehrte er zurück, erhielt seine menschliche Gestalt wieder und trat aus dem

Speicher hervor. Das Tor tat sich zu, und nun stand der Mann vor verschlossenen Türen. Er schritt hin zum vierten Speicher, die Stimme der Mutter klang ihm laut im Ohr: »Unter keinen Umständen dürft Ihr den vierten Speicher betreten!«

Unruhig lief er vor dem Tor hin und her. Was er bis jetzt gesehen hatte, das war wunderbar gewesen, und er sagte zu sich: »Sicherlich gibt es im vierten Speicher ungeheure Schätze, die man vor mir verbergen will. Warum darf ich sie nicht sehen? Das kann nur eine Schrulle der Alten sein.«

Lange blieb er unschlüssig, die Mahnung der Mutter hielt ihn zurück, seine Neugierde aber trieb ihn vorwärts. Und endlich konnte er es einfach nicht mehr aushalten: »Bis die Frauen zurückkommen, habe ich längst alles besichtigt und bin wieder in meinem Zimmer. Wie sollen sie merken, was ich in ihrer Abwesenheit getan habe?« Und entschlossen ging er zum vierten Speicher, streckte die Hand nach dem Schloß aus, das Tor sprang auf, und er schritt in den Frühling hinein. In einer lieblichen Lichtung stand ein Pflaumenbaum, der blühte in seiner ganzen Pracht. Grasmücken huschten durch das Geäst, und ihr melodisches Lied drang an sein Ohr. Der Mann trat näher, da wurden die Grasmücken unruhig, und sie flatterten erschrocken hin und her. Nun sah er es genau, es waren fünf Vögelchen, und eines von ihnen trug eine kleine Haube auf dem Köpfchen. »He, wo habe ich diese Haube schon mal gesehen, die kommt mir doch bekannt vor!« Und wie er noch überlegte, kamen die Vögel näher, sie umflogen ihn, und auf einmal waren es seine Frau und ihre Schwestern mit der Mutter. Erzürnt blickten sie auf den Eindringling, und die Mutter sprach: »Du ungehorsamer Mensch! Was willst du hier? Unser Haus haben wir dir geöffnet, unsere Schätze waren dein, warum hast du unsere einzige Bitte nicht erfüllen wollen? Ja, wir sind Grasmücken, und einmal im Jahr erfreuen wir uns in unserer wahren Gestalt am Zauber der Pflaumenblüten. Du kennst nun unser Geheimnis, du kannst jetzt nicht mehr bei uns bleiben. Du selber hast dein Glück verspielt!«

Die Mutter und ihre Töchter zogen sich langsam hinter den Pflaumenbaum zurück, der junge Mann sah als letzte seine Frau, da wurde es auf einmal dunkel um ihn herum, und er versank in einen tiefen Schlaf. Lange lag er so, dann wurden allmählich seine Sinne wieder wach, es wurde hell, und er fand sich unter dem Pflaumenbaum wieder. Aber die Zweige des Baumes waren kahl und schwarz, keine Blüten und keine Grasmücken wollten sie beleben. Der Mann trug seine alte, schlechte Kleidung, und neben ihm stand sein Korb mit der unverkauften Ware. Der Bambus rauschte geisterhaft, und eine Krähe zog klagend über die Lichtung.

Anmerkung:
Die Grasmücke wird in Asien auch als »japanische Nachtigall« bezeichnet.

Die Erzählung von den Grasmücken und ihren mit Kostbarkeiten gefüllten Speichern habe ich sowohl im nördlichen wie auch im südlichen Japan gehört. Sehr oft sind es nicht vier Speicher, von denen der vierte nicht betreten werden darf, sondern zwölf Zimmer, also die zwölf Monate, und hier ist der Zutritt zum zwölften verboten.

Märchen
und Sagen
aus Okinawa

Weisheit des Alters

Vor vielen, vielen Jahren, so erzählt man, ist einmal auf der Insel Hateruma ein Rind verendet. Eine alte Krähe und eine junge Krähe, die auf der Insel Taketomi hausten, hörten davon, sie berieten sich und sprachen: »Auf, fliegen wir hin und halten eine Festmahlzeit!« Von Taketomi bis Hateruma sind es zehn *ri*, und die alte Krähe wußte genau, daß sie für diese Entfernung sehr viel länger brauchen würde als die junge Krähe. Sie überlegte kurz und sagte: »Du, laß mir doch bitte ein Horn von der Kuh übrig!« Dann flogen beide los. Wie vorausgesehen kam der jüngere Vogel zuerst an, und da er glaubte, die Hörner seien das Allerbeste vom Rind, hatte er nur daran Interesse und hackte gierig an den harten Dingern herum. Nach einer gewissen Zeit erreichte auch die alte Krähe endlich das Ziel, und die wußte, was der wahre Leckerbissen ist: In aller Gemächlichkeit hob sie die Augäpfel heraus und verzehrte sie mit Genuß. Gegen eine alte Krähe, gegen die Weisheit des Alters, so sagt man, kommt niemand an!

Anmerkung:

Ein *ri* ist ein altes Längenmaß von ungefähr 4 Kilometern.

Auf den Yaeyama-Inseln, der südlichsten Gruppe des Ryūkyū-Archipels, zu denen die Inseln Hateruma und Taketomi zählen, wird viel Rinderzucht betrieben. Varianten dieser Erzählung von der Krähe und dem Rind sind häufig zu finden. Von den Yaeyama-Inseln kommen die meisten der Tiergeschichten, die in Okinawa überliefert sind (Endō).

Die Taube
und der Gottesgesang

Die Taube, so wird berichtet, ahmt gerne die Stimme anderer Vögel und auch die des Menschen nach. Eines Tages hörte sie, wie ein kleiner Vogel, vielleicht war es eine Nachtigall, ganz bezaubernd zwitscherte. Bisher hatte die Taube nie solchen Wohlklang vernommen, und sie seufzte sehnsüchtig: »Ach, wenn ich doch auch so schön singen könnte!« Sie strengte sich an und versuchte, das helle Lied des kleinen Sängers nachzuahmen, ihre Stimme jedoch ließ sie im Stich, und sie brachte lediglich ihre gewohnten Laute hervor. Wie immer klang es nur koko-n koko-n kon, koko-n koko-n kon. So ruft nämlich der Täuberich nach Frau und Kindern: »Mein Frauchen, komm, komm, ihr Kinderchen, kommt, kommt!« Das Weibchen hingegen ruft, so sagt man: »Kokon koko-n, kokon koko-n, und das soll heißen: »Mein Männchen, komm, komm, ihr Kinderchen, kommt, kommt!« So wird erzählt, ob es sich in der Tat so verhält, weiß ich nicht.

Die Taube hörte also die wunderschöne Stimme des Singvogels, sie beneidete ihn und sagte immer wieder: »Ich möchte auch gerne so hübsch singen!« Sie strengte sich an, aber all ihre Mühe war vergeblich.

Da sagte der kleine Vogel mit der wundervollen Stimme: »Du bist eifersüchtig auf meinen Gesang, sag, warum eigentlich willst du denn so singen wie meine Kameraden und ich?« – Ach, ich würde gerne für die Welt etwas Nützliches tun!« – »Wie meinst du das?« – »Ich habe mein Herz daran gehängt, wenigstens ein einziges Lied für die Götter zu schaffen und es den zukünftigen Generationen zu hinterlassen!« Die Taube sprach mit Begeisterung.

Der kleine Vogel, der so herrlich zu singen verstand, stimmte zu: »Was du hier sagst, hat Verstand. Höre, ich will dir beibringen, wie wir singen. Merke wohl auf und mache alles genauso wie ich!«

Die Taube fragte aufgeregt: »Wie haltet ihr Zunge und Kehle?« – »Halte den Kopf hoch, damit die Kehle frei ist. Und drücke beim Singen die Zunge nach unten, siehst du, so. Auf diese Art singen wir unsere Lieder. Versuche es getrost, es wird schon gehen.«

Die Taube folgte zaghaft den Ratschlägen ihrer Lehrerin, und mit einem Male hatte sie eine andere, viel wohltönendere Stimme. Glückselig flog sie zu den Orten, wo die Götter ihre irdischen Wohnungen haben, und sang für die Himmlischen ihr neues Lied. Und als die Menschen bei ihren Gebeten an den heiligen Stätten diesen schönen Gesang vernahmen, sagten sie anerkennend: »Was singt die Taube doch lieblich zu Ehren der Götter. Sie ist ein frommer Vogel.«

Die Menschen lernten bald von der Taube, sie nahmen sich ihren Gesang zum Vorbild und machten danach einen Göttergesang, ein *umuhi*. Noch heute singen wir für die Göttlichen dieses *umuhi*, und wenn man uns fragt, wo es seinen Ursprung habe, erklären wir, daß die Taube unsere Lehrmeisterin gewesen ist.

Anmerkung:

Diese Tiergeschichte soll eine Schamanin *(noro)* von der Insel Tsuken erzählt haben. Zu Zeiten des Ryūkyū-Königreiches wurden auf Befehl des Herrschers auf den verschiedenen Inseln Erntedankfeste ausgerichtet. Die Schamaninnen waren der Mittelpunkt bei diesen Gottesdiensten, und ihre Gesänge, die sie den Göttern darbrachten, werden *umuhi* genannt (Endō).

Mit »Nachtigall« ist hier der kleine Buschsänger *uguisu* gemeint, der auch als »japanische Nachtigall« bezeichnet wird.

Warum der Hahn morgens kräht

Als Gott die Menschen erschaffen hatte, überlegte er sich als nächstes, wie er ihnen am besten jeden Morgen die passende Zeit zum Aufstehen anzeigen könne. Er fing die Wildtaube, den Shimenfalken und den Hahn ein und brachte sie dazu, ihre Stimmen erschallen zu lassen.

Die Wildtaube gurrte sanft: »Ko, ko, ko, po-ta, po-ko, po, po, bo, bo.« Der Gott sagte ärgerlich: »Davon wacht ja kein Mensch auf, dem unnützen Geschöpf mach ich die Augen kaputt!« Er drückte an den Augen der Taube herum, und deswegen kann die Wildtaube bis auf den heutigen Tag am hellen Mittag nicht gut sehen.

Als nächstes ließ der Göttliche den Shimenfalken singen. Der krächzte sehr unschön: »Kwaaa.« Der Gott schüttelte den Kopf und brummte unwirsch: »Was für ein Mißton! Wenn der Kerl solche Laute hören läßt, erschrecken alle Kinder. Auch dieser Vogel ist unbrauchbar!« Er faßte den unglückseligen Shimenfalken mit beiden Händen am Hals und zog ihn aus Leibeskräften auseinander. Seither hat dieser Vogel einen langen Hals, und auch seine Beine und der Schnabel sind lang geworden.

Anschließend ließ der Gott den Hahn vortreten und befahl ihm zu singen. Der Hahn stellte sich in Positur und ließ schmetternd sein »Kokekokkooo« erschallen. Der Himmlische nickte zufrieden und sprach: »So ist es gut! Höre, Hahn, du wirst den Menschen morgens die Zeit zum Aufstehen anzeigen!«

Und seither kräht der Hahn um drei Uhr im Morgengrauen zum ersten Mal. Zum zweiten Mal läßt er sich gegen vier Uhr hören, und wenn er dann um fünf Uhr zum dritten Male gekräht hat, wissen alle, daß es nun wirklich Zeit ist, an die Arbeit zu gehen.

Kräht der Hahn zum allerersten Mal, ist es zwar noch dunkel, die Hausfrau steht jedoch bereits auf und fängt an, das Frühstück vorzubereiten. Hat der Hahn seine Stimme zum zweiten Mal erschallen lassen, trinken die Menschen Tee und verzehren ihre Morgenmahlzeit. Um fünf Uhr dann, wenn der Hahn sich zum dritten Male gemeldet hat, verlassen alle das Haus und gehen an die Feldarbeit. So ist es vormals eingerichtet worden.

Anmerkung:
Auf den Okinawa-Inseln hört man den Hahn, wie in Japan auch, nicht »kikeriki«, sondern »kokekokkoo« krähen. In japanischen Ohren klingen die Laute der Tiere überhaupt anders als zum Beispiel in Deutschland. Der Japaner hört das Grunzen des Schweins als »bu, bu, bu«, und das Bellen des Hundes wird als »wan, wan, wan« vernommen.

DIE FLIEGE UND DER SPERLING

Vor vielen, vielen Jahren waren die Fliege und der Sperling gute Freunde gewesen. Eines Tages jedoch bekamen sie einen gewaltigen Krach – warum, weiß niemand mehr –, und die Fliege zog dabei den kürzeren. Sie war keine gute Verliererin, sie fing an, den Spatzen zu hassen, und überlegte angestrengt, wie sie ihm eins auswischen könne. Nach einigem Kopfzerbrechen ging sie zum König und sagte: »Herr König, der Sperling ist ein frecher Bursche und benimmt sich dir gegenüber ungebührlich. Er verdient Strafe, denn er stielt den Reis von deinen Getreidespeichern.«

Der König hörte diese Anklage und geriet in einen gewaltigen Zorn: »Diese Unverschämtheit werde ich auf keinen Fall durchgehen lassen. Man bringe den Sperling sogleich vor mich!«

Der Spatz erschien ahnungslos vor der Majestät, er machte artig seine Verbeugung und sagte: »Hier bin ich Herr, was wünschst du von mir?«

Ohne weitere Erklärung brüllte ihn der König an: »Du bist ein ungezogener Kerl, und ich werde dich streng bestrafen!«

Der Spatz erschrak und sagte ängstlich: »Mein König, warum bist du denn so aufgebracht? Ich bin mir keiner Schuld bewußt, was soll ich eigentlich angestellt haben?« – »Du verdorbener Bursche, du willst nicht einmal wissen, was du anrichtest? Du tust dich an dem Reis, den alle für mich eingesammelt und in meine Speicher gebracht haben, gütlich, und für mich bleiben nur noch die Reste. Das ist eine Beleidigung meiner Majestät und verdient Strafe, allerstrengste Strafe!«

Der Sperling dachte bei sich:»Das ist eine arge Sache, ich glaube, die hat mir die Fliege eingebrockt, ich muß sehen, wie ich davonkomme.«

»Mein König, ich meine, die Fliege benimmt sich schlechter als ich!«

»Was soll das heißen? Erkläre genau!«

»Ich verspeise in der Tat von deinem Reis, ich sammle aber nur die Körner auf, die um deine Speicher verstreut liegen. Das ist alles. Die Fliege jedoch verhält sich ungeheuerlich: Wenn die Mahlzeit für dich, unseren Herrscher, aufgetragen wird, und du, o König, noch nicht einmal die Eßstäbchen ergriffen hast, schwirrt die Fliege sogleich auf die für dich vorbereiteten Leckerbissen, läuft mit ihren schmutzigen Füßen über deinen Reis und nascht hier und dort. Du verzehrt dann nur noch, was die Fliege übriggelassen hat.«

Der König saß wie vom Donner gerührt. Er bedachte sich kurz und sprach:»Das ist ja ganz richtig, was du da sagst.« Und er rief einem Diener zu:»Man bringe die Fliege vor mich, aber schnell!«

Die Fliege kam gerne, sie dachte, der verhaßte Sperling schmore bereits im Kerker, und frohen Mutes trat sie vor den Thron. Der König herrschte sie an:»Du schmutziges, du ungezogenes Ding, ich werde dir nie verzeihen!« Die Fliege stotterte überrascht:»Herr, was hast du denn? Der Spatz war doch schlecht, warum soll nun ich schuldig sein?«

»Du hast die Wahrheit verdreht. Der gute Sperling nimmt sich nur die Körner, die vor den Reisspeichern verstreut liegen, du aber fliegst auf mein Essen, trampelst darauf herum und naschst, bevor ich auch nur mit der Mahlzeit beginne. Ich muß dann essen, was du mir übriggelassen hast. Oh, ich werde dich streng bestrafen!«

Die Fliege schrie entsetzt auf: »Gnade, Gnade, mein König, Gnade!« Und sie legte ihre Vorderbeinchen zusammen und hob sie bittend.

Der Herrscher überlegte eine Weile, dann sprach er das Urteil: »Du hast den Spatzen bei mir verleumdet. Für diese Lüge sollst du ihm, den Menschen und mir für alle Zeiten Abbitte tun!«

Und seither leistet die Fliege mit den beiden Vorderbeinen dem König und den Menschen Abbitte, mit den beiden Hinterbeinen jedoch dem Spatzen und seinen Nachkommen. Sie muß das, so hat es der König bestimmt, jeden Tag wenigstens tausendmal tun.

Anmerkung:

Diese Erzählung ist nicht häufig zu finden, sie wurde nur auf der Hauptinsel Okinawa und auf einigen der umliegenden kleineren Inseln überliefert.

Habu
und Regenwurm

Vor vielen, vielen Jahren geschah es. Damals besaß die Habu-Schlange keine Augen, sie hatte jedoch eine gute Stimme und konnte wunderschön singen. Der Regenwurm wiederum nannte keine Singstimme sein eigen, aber auf seine scharfen Augen konnte er sich verlassen.

Eines Tages sagte er: »Liebe Habu, heute singst du besonders schön, du hast wirklich eine herrliche Stimme, und es ist eine Freude, dir zuzuhören!« – »Wer spricht denn da neben mir, ich glaube, es ist Nachbar Regenwurm. Ach, lieber Freund, was beneide ich dich doch um deine Augen. Es muß schön sein, in der hellen Welt zu leben.« Die Habu-Schlange seufzte tief. Der Regenwurm überlegte kurz, dann schlug er vor: »Sollen wir tauschen? Deine Stimme gegen meine Augen? Die Schlange antwortete aufgeregt: »Meinst du das im Ernst? Ich gebe dir herzlich gerne meine Stimme und alle Lieder, die ich kenne, wenn ich dafür deine Augen haben könnte!«

Gesagt, getan, der Regenwurm überreichte der Schlange seine Augen, und die Habu gab dem Wurm ihre Singstimme. Jeder war mit dem Tausch sehr zufrieden und ging glücklich seiner Wege.

Seit dieser Begebenheit kann die Habu nicht mehr singen, sie hat jedoch gute Augen. Der Regenwurm hingegen ist blind geworden, aber er besitzt eine Singstimme. Wenn es Abend wird, kann man oft von irgendwoher ein feines Pfeifen hören. Das, so sagt man, soll der Regenwurm sein.

Anmerkung:
Diese Erzählung stammt vom nördlichen Teil der Haupt-insel Okinawa. Die *Habu* ist eine gefährliche und angriffs-lustige Giftnatter auf Okinawa und Amami-Ōshima.

Märchen mit diesem Motiv sind in ganz Japan verbrei-tet. Der Partner, mit dem der Regenwurm seine Augen gegen die Singstimme tauscht, kann außer der Schlange auch der Frosch oder der Maulwurf sein.

DER FROSCHBRÄUTIGAM

Vor vielen Jahren lebten einmal ein Mann und seine Frau zufrieden miteinander. Sie liebten und achteten sich sehr, einen großen Kummer aber hatten sie: Sie waren bisher nicht mit Kindern gesegnet worden. Die Jahre vergingen, aber der Wunsch, der ihnen am meisten am Herzen lag, blieb unerfüllt. Sie beteten fleißig, und dabei ließen sie keinen einzigen Tag aus: »Ach, Ihr Götter, schenkt uns doch ein Kindlein!«

Diese Inbrunst mußte die Himmlischen doch irgendwann gerührt haben, denn als das Ehepaar schon jede Hoffnung aufgegeben hatte, fühlte die Frau auf einmal, daß sie gesegnet war.

Das Paar freute sich unbeschreiblich und wartete gespannt auf den Tag der Geburt. Die schwere Stunde kam, doch das erhoffte Glück verwandelte sich in eine Heimsuchung: Das Kind, das auf die Welt kam, war kein Menschenkind, es war ein Frosch. Der Wasserbewohner hatte kaum das Licht der Welt erblickt, da quakte er auch schon laut und fröhlich. Die Eltern waren vernichtet, und das unaufhörliche »Quak, Quak« schallte schmerzlich in ihren Ohren. Die Mutter weinte: »Lieber kein Kind als dieses. Man kann es keinem Menschen vorzeigen, und man muß sich vor den Nachbarn schämen.«

Der Kummer der Eltern berührte den Frosch überhaupt nicht, er hockte den ganzen Tag im Wasser und sang sein eintöniges Lied. Wenn er Hunger hatte, hüpfte er pitsch patsch ins Haus zu Vater und Mutter, aß gemeinsam mit ihnen, dann ging er wieder, pitsch patsch, zurück in sein nasses Reich.

Ein Jahr verging, ein zweites verrann, und der Frosch wurde groß. Ehe man sich versehen hatte, war er bereits zwanzig Jahre alt geworden. Die Eltern hatten sich an seine Gegenwart gewöhnt und die Zeit hatte ihrem Kummer die Spitze genommen. Aber sie sollten noch allerlei Überraschungen erleben: Eines Tages hüpfte der Frosch zu seiner Mutter, hockte sich vor sie in Positur, und er, der bislang nur gequakt hatte, fing auf einmal an, wie ein Mensch zu reden: »Mütterchen, ich will heiraten. In dem und dem Haus im Nachbardorf haben sie eine schöne Tochter, geh dorthin und freie um dieses Mädchen für mich.«

Die Mutter war schon erschrocken, weil der Frosch redete, aber sein merkwürdiger Wunsch nach einer menschlichen Braut brachte sie gänzlich aus der Fassung, und sie antwortete: »Was braucht ein Geschöpf wie du eine Frau? Ich muß mich ja in Grund und Boden schämen, wenn ich einen solchen Gedanken vor jemandem laut werden lasse!«

Der Frosch jedoch meinte voller Selbstvertrauen:

»Reg dich nicht auf Mutter, es wird schon alles richtig werden!«

Der Froschsohn bestand hartnäckig auf seiner Bitte, und endlich gab die Mutter sich geschlagen. Sie richtete verschiedene Mitbringsel und Leckerbissen her, wie sie der Stolz ihres Hauses waren, und machte sich auf zu dem beschriebenen Haus. Als sie dort ankam, versuchte sie zuerst einmal herauszufinden, um was für eine Familie es sich eigentlich handele. Sie blieb am *tsunpun* stehen und lugte seitlich in den Hof hinein. Sie streckte sich und hoffte, etwas im Inneren zu erspähen. Schneller, als ihr eigentlich lieb war, kam jemand aus dem Haus hervor. Es war die Tochter, die zu den großen Wasserkrügen gehen wollte. Die sah den neugierigen Gast, trat heran und sagte: »Was machst du denn hier? Komm doch herein, wenn du an uns ein Anliegen hast.«

Die Mutter zögerte, der Grund ihres Besuches kam ihr immer ungeheuerlicher vor, aber das Mädchen lud sie so freundlich ein, daß sie ihm schließlich doch ins Haus folgte.

Sie wurde vor die Eltern geführt und gebeten, Platz zu nehmen. Sie konnte nur an den Grund ihres Besuches denken, sie wurde ganz verlegen und vermochte, kein Wort herauszubringen.

Die Hausleute wollten jedoch gerne wissen, was die wildfremde Frau von ihnen begehre, und sie fragten: »Sag, warum besuchst du uns? Wir kennen dich ja gar nicht. Was wünschst du von uns?«

Die Mutter nahm sich zusammen, schluckte und sprach: »Es fällt mir nicht leicht, vor euch zu treten. Ihr müßt wissen, ich habe daheim einen völlig unnützen Sohn. Nicht mal Menschengestalt hat er, und bis auf den heutigen Tag ist er nicht unter Menschen gegangen. Er kann nicht arbeiten, ja, er kann nicht einmal spielen. Kürzlich ist er zwanzig Jahre alt geworden, er will sich verheiraten, und er möchte ausgerechnet eure Tochter heimführen.«

Die Mutter hätte sich in ihrer Verlegenheit am liebsten unsichtbar gemacht, weil ihr das aber nicht möglich war, machte sie wenigstens eine tiefe Verbeugung nach der anderen.

Die Eltern des Mädchens nahmen den Antrag gar nicht freundlich auf: »Was fällt dir denn ein? Warum sollen wir unsere Tochter einem Wechselbalg zur Frau geben?«

Die Froschmutter sank in sich zusammen und wußte keine Antwort.

Das Mädchen aber verhielt sich anders, es lachte und sprach: »Vater, Mutter, wieso seid ihr so ablehnend? Diese Frau ist extra von weit her gekommen und wirbt um mich. Ich glaube, ich möchte mit ihr gehen und ihre Schwiegertochter werden.«

Diese Worte machten der bedrückten Bittstellerin Mut, und sie konnte sich wieder gerade aufsetzen. Sie bedachte, wie bald das Mädchen wahrscheinlich ihrem Froschsohn gegenüberstehen würde, sie ließ jetzt alle Bedenken fahren und erklärte genau und deutlich, wo ihr Haus sei. »Und bitte berücksichtige, daß dein Bräutigam, wenn du ihn wirklich heiraten solltest, ein Frosch ist!«

Die Tochter jedoch war nicht abzuschrecken: »Ich gehe als Schwiegertochter in dieses Haus!« Und dabei blieb es. Die Warnungen der Eltern verhallten unbeachtet.

Die Mutter des Frosches war einigermaßen mit dem Ergebnis ihrer Mission zufrieden und ging leichten Fußes wieder nach Hause.

Der Frosch fragte gespannt: »Na, wie war es?« – »Das Mädchen scheint sich zu freuen, aber die Eltern haben sehr saure Gesichter gemacht!« – »Ach Mütterchen, sollen sie doch. Die Hauptsache ist, meine ich, daß die Braut und ich wollen. Die Familie wird dann schon noch ihren Segen geben.«

Die zuversichtlichen Reden des Froschsohnes beruhigten die Eltern keineswegs. Ihr Kind hatte nichts gelernt, es hatte nicht die geringste Weltkenntnis und Erfahrung. Wie sollte die Zukunft aussehen? Schwere Sorgen quälten die Alten.

Der Frosch wandelte jetzt auf Freiersfüßen, und seine Gewohnheiten veränderten sich. Ab sofort verschwand er jeden Abend, und kein Mensch wußte, wo er hingegangen war. Vielleicht besuchte er seine Braut. Bei Tag jedoch hockte er wie bisher im Wasser und quakte sein altes Lied.

Als die schickliche Frist vergangen war, wählte man einen glückverheißenden Tag, und die Braut wurde mit ihrer Ausstattung zusammen feierlich in das Haus des Bräutigams geleitet. Der Brautzug erreichte das neue Heim am Abend, und die Froscheltern hatten wieder Grund zur Aufregung: Was wird die Braut morgen früh anstellen, wenn sie sich neben einem Frosch vorfindet?

Der so gefürchtete Morgen brach an, die junge Braut trat mit glücklichem Gesicht aus der Hochzeitskammer und trug den Schwiegereltern Tee und Kuchen auf. Vater und Mutter wußten wirklich nicht, was sie davon zu halten hatten. Auch an den folgenden Tagen blieb ihre Freude ungetrübt, dann aber zeigte sich eine neue Hürde: Drei Tage nach der Hochzeitsfeier wurden dem Brauche nach die Verwandten der Braut zur üblichen Bräutigamsbegrüßung erwartet. Dabei ist es selbstverständlich, daß der junge Ehemann sich vor den Angehörigen seiner Frau zeigt. Den Froscheltern fehlte jeglicher Mut zu solchen Zeremonien.

Die Braut war in der Küche fleißig und bereitete eine Festmahlzeit vor. Ihre Verwandtschaft traf ein, sie eilte zum Tor und begrüßte alle, dann lief sie, um ihren Mann zu rufen. Die Schwiegermutter war nicht mehr fähig, ihre Unruhe zu bezwingen, sie schlich der jungen Frau nach und lugte in die Kammer der Brautleute. Sie mußte sich die Augen reiben: Die neue Tochter saß neben einem schönen Mann, beide lachten und machten Späße. Der Mann stand auf und sagte zu ihr: »Bring mir meinen Kimono!« Da suchte sie aus einer Truhe ein reiches Gewand hervor, das legte er an, er band den Gürtel um und trat hinaus vor die versammelte Verwandtschaft. Stolz stellte ihn die junge Frau ihren Leuten vor. Jeder war sehr angetan von dem stattlichen Mann, und seine eigenen Eltern glaubten zu träumen.

Die Braut hatte beizeiten gemerkt, wie es um ihren Mann stand: Bei Tage hatte er eine Froschhaut übergeworfen, am Abend jedoch legte er diese Vermummung ab und wurde zum Menschen. Als sich der junge Mann in seiner Menschengestalt zeigte, nahm sie einmal heimlich die Froschhaut an sich und vernichtete sie. Nun blieb er für immer ein

Mensch. Er war gescheit und eignete sich schnell an, was er in seiner Kindheit nicht gelernt hatte. Seine Schrift wurde überall gelobt, und er wußte seine Worte klug zu setzen. Bald verehrte ihn das ganze Dorf, und eines Tages machte man ihn zum Ortsvorsteher. Aber noch höhere Würde wartete auf ihn, er wurde König seines Landes und war unter dem Namen Unta-Ubuuya, großer Vater Unta, bekannt.

Anmerkung:
Das traditionelle Anwesen in Okinawa ist ringsum von einer hohen Mauer umgeben, um es vor Taifunen zu schützen. An der vorderen Seite der Mauer befindet sich eine breite Lücke als Eingang. Diese Lücke wird durch den *tsunpun*, eine Mauer, die etwas zurückversetzt steht, abgedeckt. Der *tsunpun* schirmt das Haus vor Blicken ab. Früher hing es vom gesellschaftlichen Rang ab, ob man rechts oder links am *tsunpun* vorbei zum Haus gehen durfte.

Bei der Bräutigamsbegrüßung besuchen die Eltern und weitere Verwandte der Braut drei Tage nach der Hochzeit das Haus des jungen Paares und begrüßen den Bräutigam feierlich in der Familie. Dieser Brauch ist ein willkommener Grund zum Weiterfeiern!

Die Erzählung vom Froschbräutigam ist sehr selten. Eine stark abweichende Version konnte auf der Kunisaki-Halbinsel in der Präfektur Oita auf Kyūshū nachgewiesen werden. In Okinawa sind die vorgestellte Erzählung von der Insel Irabu und eine zweite aus der Umgebung der Stadt Nago von der Hauptinsel Okinawa bekannt.

In einer koreanischen Sammlung von Volkserzählungen aus dem 13. Jahrhundert, dem *Samguk Yusa* (»Erinnerung an die drei Reiche«), ist eine Erzählung von einem Krötensohn aufgezeichnet (Endō, Nihon mukashibanashi jiten).

Der Hundebräutigam

Vor vielen Jahren lebte einmal ein König, dessen Schloß lange Tage von einem mächtigen Feind belagert wurde. Die Verteidiger verloren allmählich den Mut, die Vorräte waren fast aufgezehrt, und der Fall der Festung stand unmittelbar bevor. Da rief der König seine Lehnsmänner zusammen und sprach: »Hört, meine Getreuen, wenn einer von euch mir den Kopf des Anführers von denen da draußen bringen kann, will ich ihm jede Belohnung, die er sich nur wünschen kann, geben. Wer von euch will es wagen? Mit einer solchen Tat wäre uns geholfen!«

Die Vasallen verließen schweigend den Saal. Alle wußten, daß der Feind in der Überzahl war, und jeder, der sich bisher mit seiner Kraft gebrüstet hatte und ein Meister im Umgang mit den Waffen hatte sein wollen, besaß kein Vertrauen zu sich selber mehr. Die Aufgabe, den Kopf des feindlichen Anführers herbeizuschaffen, schien einem jeden unausführbar.

Der König hatte eine Tochter, und diese Prinzessin besaß einen großen Hund. Das Tier war mit ihr zusammen aufgewachsen und begleitete sie ständig, die beiden vertrugen sich wie Geschwister. Dieser Hund hatte der Bitte des Königs aufmerksam zugehört, und ehe jemand begriff, was er vorhatte, rannte er zum Schloßtor hinaus und stürzte sich unter die Feinde. Er suchte und fand ihren General, sprang ihn an und biß ihm den Kopf ab. Er zog das blutige Haupt hinter sich her, durchbrach die Reihen der entsetzten Feinde und stürmte in seine Burg zurück. Dort legte er den erbeuteten Kopf vor dem König nieder, dann kehrte er an die Seite der Prinzessin zurück.

Die Feinde vor der Festung hatten ihren Anführer verloren, ihr Mut wich schnell, und ihre Aufstellung geriet in Unordnung. Die Besatzung des belagerten Schlosses nutzte die Verwirrung, brach hervor und richtete unter dem führerlosen Feind schreckliche Verwüstung an. Nach kurzer Zeit konnten die Krieger siegreich in ihr Schloß zurückkehren.

Der König wußte, wem er den Sieg und die Rettung zu verdanken hatte, und er sprach zu dem Hund: »Ich danke dir von Herzen für deine Hilfe. Du sollst nun alles haben, was du dir wünschst. Sag, was hättest du denn gerne, es soll dir jedes Ding gewährt sein!« Der Hund besaß nicht die Gabe der Sprache, und er blickte den König stumm an. Da befahl der, daß man auserlesene Speisen zubereite und sie dem Hund vorsetze. Das Tier rührte jedoch keinen Bissen davon an. Es ging hin zur Prinzessin, die auf ihrem gewohnten Platz saß, faßte mit dem Maule einen Zipfel ihres Gewandes und zog daran.

Der König fragte erstaunt: »Warum zerrt der Hund so an der Kleidung meiner Tochter? Was hat das Tier?« Der Hund fuhr fort, am Kleid zu ziehen, und dabei schaute er die Prinzessin aus seinen guten Augen an. Er schien ausdrücken zu wollen: »Gebt mir die Prinzessin, die Prinzessin will ich haben!« Da sagte das Mädchen: »Dieser Hund ist nicht wie andere Hunde. Er hat ganz genau verstanden, was mein Vater, der König, gesprochen hat. Er hat den Kopf des feindlichen Anführers herbeigeschafft, und nun will er seine Belohnung haben. Man muß sie ihm gewähren, auch wenn ich es bin, die er haben will.«

Der König überlegte eine Weile: »Es ist, wie du sagst, mein Kind, ich muß mein Versprechen halten. Ich kann jedoch einen Hund, der eine Prinzessin fordert, nicht hier im Schloß behalten. Ich werde dich zusammen mit dem Hund auf eine weitentfernte Insel schicken.« Er ließ sogleich ein Schiff vorbereiten und mit vielen Lebensmitteln beladen. Dann befahl er einem Lehnsmann und der Amme der Prinzessin, zusammen mit den beiden dieses Schiff zu besteigen, und ließ es abfahren.

Das Fahrzeug trieb viele Tage auf dem Meer, das Wetter blieb freundlich, und endlich erreichte es eine wilde Insel. Es gab dort keine Menschen und keine Häuser, in der Nähe des Strandes war nur eine große Höhle. Der Lehnsmann baute ein einfaches Häuschen neben dieser Grotte, und die drei Menschen und der Hund wohnten in diesem Häuschen. Der Mann und die Amme waren bereits hoch in den Jahren, nach einer Weile starben sie, und nun verbrachte die Prinzessin ihre Tage allein mit dem Hund.

Eines Tages sprach das Tier: »Ich will mich in einen Menschen verwandeln, das dauert eine bestimmte Zeit, gedulde dich ein wenig, Prinzeßchen, ich will bald wiederkommen.« Und er verschwand im Innern der Höhle. Die Prinzessin fühlte sich sehr einsam auf der menschenleeren Insel, und sie rief in die Höhle hinein: »Du bist mir auch in deiner Tiergestalt lieb und wert, ich bitte dich, komm recht bald wieder hervor!«

Der Hund in der Höhle wurde allmählich zu einem Menschen, und diese Verwandlung sollte sieben Tage dauern. Die Prinzessin jedoch wurde von Angst und Ungeduld verzehrt, sie weinte alle Tage, und endlich konnte sie ihre Einsamkeit nicht mehr ertragen. Am sechsten Tage rannte sie in die Höhle hinein und suchte ihren Gefährten. Da sah sie, daß der Hund zu einem stattlichen Mann geworden war, sie hatte ihn aber um einen Tag zu früh erblickt, und die Verwandlung war noch nicht ganz vollendet. Er hatte noch seinen Hundeschwanz! Verlegen sagte er: »Ein wenig ist noch vom Hund übrig. Ist es dir dennoch recht?«

Die Prinzessin fiel ihm jubelnd um den Hals und rief aus: »Der Hundeschwanz macht mir gar nichts aus. Du bist mir recht so!« Die beiden feierten Hochzeit und lebten glücklich miteinander. Sie bekamen viele Kinder, und die Bewohner unseres Ortes sind alle Nachkommen der Prinzessin und ihres Hundebräutigams.

Anmerkung.

Die ursprüngliche Form dieser Geschichte stammt von einigen kleineren Volksstämmen aus Yünnan im Südwesten von China. Die Menschen dort wollen so ihre Herkunft erklären. Erzählungen von einem Hund als Ahn sind in Ostasien weitverbreitet. In Okinawa finden sie sich unter anderem im Ort Yomitan und seiner Umgebung, auf den Miyako-Inseln und auf der Insel Yonaguni. Diese Erzählungen variieren von Ort zu Ort, und besonders die Überlieferung von Yonaguni hat große Ähnlichkeit mit dem Märchen vom Hundebräutigam, wie es auf den japanischen Inseln bekannt ist (Endō).

Die Bärenmutter

Vor vielen Jahren war einmal ein Beamter aus Ryūkyū im Auftrage seines Königs nach China unterwegs. Sein Schiff war bereits in die Nähe der weitentfernt liegenden Yaeyama- oder auch der Miyako-Inseln gekommen, so genau weiß das niemand mehr, als es plötzlich in einen furchtbaren Sturm geriet, kenterte und sank. Der Amtsträger hatte Glück im Unglück, er konnte sich an eine starke Holzplanke klammern, er trieb damit für einige Tage im Meer, und endlich spülte ihn die Strömung an die Küste einer kleinen, unbewohnten Insel.

Mehr tot als lebendig kroch er auf den Strand hinauf, dort sank er erschöpft nieder, und die Sinne verließen ihn. Die Insel war gänzlich verlassen und wies keinerlei Spuren von Menschen auf, es hauste nur eine einzige Bärin dort. Diese Bärin entdeckte den angeschwemmten Mann, sie kam neugierig aus ihrer Höhle hervor zum Wassersaum und beschnüffelte den leblos Daliegenden. Sie schien sich über den Ankömmling zu freuen, sie leckte ihn sorgfältig trocken, dann trottete sie in den Wald und sammelte Früchte. Die bot sie dem Mann, der in der Zwischenzeit zu sich gekommen war, zur Speise an. Dieser erschrak zuerst, als er das große Tier sah, dann jedoch merkte er, daß die Bärin ihm kein Leid antun wollte, und er gewöhnte sich mit der Zeit an die haarige Kameradin.

Der Schiffbrüchige sehnte sich nach der Heimat, aber da er nicht einmal ein kleines Boot besaß, war er auf der Insel gefangen. Die Bärin war seine einzige Gefährtin, sie war gut zu ihm und versorgte ihn mit Nüssen und Beeren. Als es Winter wurde und die kalten Winde über die Insel fuhren, brachte sie ihm Felle von Bären, die vorzeiten die Insel bewohnt hatten. So konnte er sich warm halten. Und endlich wurden der Mann aus Ryūkyū und die Bärin ein Ehepaar, und nach einer gewissen Zeit wurde ihnen ein Knabe geboren. Dieses Kind sah im Gesicht, an Armen und Beinen ganz wie ein Mensch aus, sein Rumpf jedoch war, wie bei einem Bären, dicht mit langen Haaren bedeckt.

Drei oder vier Jahre vergingen, und eines Tages, als die Bärin in den Wald gegangen war, um nach Nahrung zu suchen, zeigte sich auf dem Meer ein Schiff. Außer sich vor Aufregung rannte der Mann auf ein hohes Kliff hinauf, er winkte und schrie aus Leibeskräften und tat alles, um das Fahrzeug auf sich aufmerksam zu machen. Die Seeleute bemerkten ihn auch bald, das Schiff drehte bei und näherte sich dem Strand. Es war ein Handelsschiff aus Ryūkyū! Man setzte ein Boot aus und ruderte an die Insel heran. Der Beamte riß seinen kleinen Sohn an sich und bestieg das Boot, das ihn zum Schiff hinüberbrachte. Er konnte endlich wieder in seine Heimat zurückkehren!

Die Bärin kam bald wieder von ihrer Futtersuche nach Hause, und sie mußte nun entdecken, daß in der Zwischenzeit Mann und Kind verschwunden waren. Auch sah sie das Schiff, das bereits weit draußen auf den Wellen fuhr, und sie verstand sogleich, daß es ihr Liebstes davontrug. Schweren Schrittes stieg sie auf eine Anhöhe hinauf und blickte, an einen Adan-Baum gelehnt, dem Segler nach, bis er am Horizont mit dem Meere verschmolz. Dann überwältigte sie das Herzeleid, und sie gab ihren Geist auf. Auch noch im Tode war ihr der Adan-Baum eine Stütze.

Vater und Sohn waren nach Ryūkyū zurückgekehrt, und der Junge lebte fortan unter Menschen. Er war ein Kind von wachem Geist, und in der Schule übertraf er bald alle seine Kameraden im Lernen. Ihm wurde jedoch schnell bewußt, daß sein Körper anders war als der seiner Freunde, er wurde scheu und vorsichtig, und besonders beim Baden wollte er immer allein sein. Auch den Gebrauch von Eßstäbchen hatte er nie erlernt, er griff alle Speisen mit den Händen und führte sie so zum Munde. Er aß nur, wenn kein Mensch in der Nähe war.

Er wurde größer, an das Leben auf der einsamen Insel und die Bärin konnte er sich nicht mehr erinnern, und eines Tages fragte er seinen Vater: »Ich kann mich nicht an meine Mutter erinnern, wer ist meine Mutter gewesen?« Der Vater wollte nicht recht heraus mit der Sprache, und er antwortete zögernd: »Um deine Mutter ist ein Geheimnis. Werde der erste in den Staatsprüfungen und gehe nach Tō, um dort zu studieren. Wenn du dann zurückkommst, will ich dir sagen, wer deine Mutter gewesen war.«

Der erste in den Staatsprüfungen von Ryūkyū! Wer diesen Rang erreicht hatte, durfte nach China gehen und weiterlernen. Er hatte eine große Zukunft vor sich.

Der Junge sehnte sich nach der Mutter, um jeden Preis wollte er sie sehen, und er studierte Tag und Nacht für die schwierigen Prüfungen. Sein Fleiß trug Früchte, mit Zuversicht konnte er die Prüfungsräume betreten, und als das Ergebnis bekanntgegeben wurde, stand sein Name ganz oben: Er war der Allererste und Beste! Auch sein Lehrer, der ihn vorbereitet hatte, freute sich über den Erfolg des Zöglings, und er sprach: »Du darfst nun nach Tō gehen, und dies wirft Glanz auf meinen Namen, ich will dir heute ein Fest ausrichten.«

Der junge Mann ging heim und sagte zu seinem Vater: »Mein Lehrer will mich und meinen Erfolg heute feiern, ich werde jedoch nicht auf das Fest gehen!« Er war sich schmerzlich bewußt, daß er nicht mit Eßstäbchen umgehen konnte, und deshalb wollte er nicht gemeinsam mit den anderen essen. Der Vater betrachtete den Sohn nachdenklich, dann antwortete er: »Dein Lehrer hat dich eingeladen, wenn du nicht hingehst, ist es eine Beleidigung. Geh hin und freue dich an deinem Erfolg, essen mußt du nichts.«

Der Junge gehorchte und begab sich zur angegebenen Stunde in das Haus seines Lehrers. Man hatte eine reiche Tafel vorbereitet und auch viele Mitstudenten eingeladen. Alle griffen fröhlich zu, und allmählich fiel auf, daß der Student, der durch das Fest geehrt werden sollte, sich jeglicher Nahrung enthielt. Der Meister fragte ihn: »Warum nimmst du denn nicht von den Leckerbissen? Meinst du vielleicht, Speisen aus meiner Küche seien unsauber?« Und ein Mitschüler fiel ein: »Wenn du ablehnst, bist du gegen unseren Lehrer ungezogen. Du mußt zugreifen!«

Da langte der junge Mann endlich zu, und zwar so, wie er es gewohnt war, mit den Händen nämlich! Die Versammelten sahen es entsetzt, ein paar fingen an zu lachen, und einer rief aus: »Der ist ja ein Barbar! Wenn man den nach Tō gehen läßt, muß sich das ganze Ryūkyū-Reich schämen. Meister, es ist besser, den zu schicken, der als zweiter bei den Prüfungen abgeschnitten hat.«

Der Jüngling schlich traurig heim und berichtete dem Vater das Vorgefallene. Der Alte beruhigte ihn und sagte: »Wir hätten viel früher damit anfangen sollen, wir werden von nun an täglich mit den Stäbchen üben, und du wirst den Gebrauch schnell meistern.« Von diesem Tag an durfte der Sohn nie mehr mit den Händen essen, der Vater zwang ihn, die Stäbchen zu verwenden, und bald beherrschte er diese Kunst vollständig. Er besuchte wiederum seinen Lehrer und sprach: »Lieber Meister, ich kann jetzt gerade so gut wie alle anderen mit Eßstäbchen essen, nun erlaube mir doch, im Lande Tō zu studieren.«

Und weil der junge Mann wirklich der beste von allen Studenten war, ließ man ihn ins Reich der Mitte ziehen, um dort weiteren Studien nachzugehen. Die Zeit verging, und er kam als Gelehrter in die Heimat zurück. Nie aber hatte er vergessen, zu welchem Zweck er sich eigentlich so angestrengt hatte, und er fragte sogleich den Vater: »Wo ist meine Mutter, was ist sie für ein Mensch?«

Der Vater schaute den Sohn durchdringend an und antwortete: »Deine Mutter ist kein Mensch, sie ist eine Bärin!« Der junge Mann zeigte sich nicht besonders überrascht, und ruhig sagte er: »Bär oder Mensch, sie ist meine Mutter, und ich möchte sie wenigstens einmal in die Arme schließen.«

Da rüstete der Vater ein Schiff, und sie fuhren hin zu der unbewohnten Insel, wo er einige Jahre nach seinem Schiffbruch verbracht hatte. Sie erreichten das Eiland wohlbehalten und stiegen an Land. Viele Jahre waren seit dem Aufenthalt vergangen, die tote Bärin lehnte jedoch immer noch an dem Adan-Baum und sah auf das weite Meer hinaus.

»Das dort ist deine Mutter!« Der Jüngling folgte dem ausgestreckten Arm des Vaters, er sprang froh hin zu ihr und wollte sie umarmen. Da zerbrach der mürbe gewordene Körper unter seinen Händen, und ein Haufen Knochen lag zu seinen Füßen. Die Tränen schossen dem Sohn der Bärin aus den Augen, er bückte sich und sammelte sorgfältig alles Gebein der Mutter auf. Er nahm es mit sich zurück nach Ryūkyū, dort ließ er ein würdiges Grab errichten und legte sie zur letzten Ruhe. Er hielt seine Mutter immer in ehrendem Andenken, und weil er ein guter und fleißiger Mensch war, brachte es später zu hohen Würden.

Anmerkung:
Der *Adanbaum* gehört zur Familie der Drachenbäume.

Die *Staatsprüfung* gestattete den erfolgreichen Bewerbern Zugang zu den hohen Beamtenrängen.

Tō ist die japanische Lesart für die chinesische Dynastie von 618–906 n. Chr. Tō ist lange Zeit in Japan und Okinawa die übliche Bezeichnung für China gewesen.

Diese Erzählung geht zurück auf Jagdvölker aus Sibirien und den nördlichen Küstenprovinzen des asiatischen Kontinents, die an das japanische Meer angrenzen. Das Zentrum dieser Gegend lag ungefähr dort, wo heute Wladiwostok ist. Diese Völker sind auf ihren Wanderungen bis zum südlichen Fukien in China gekommen. Ihre Mythen und Sagen sind dann durch den Handelsverkehr zwischen Fukien und Ryūkyū auch in dieses Inselkönigreich getragen worden.

In Okinawa hat es nie Bären gegeben, es ist anzunehmen, daß die Kenntnis vom Aussehen der Bären aus dem benachbarten Taiwan stammt (Endō).

Eine ähnliche Erzählung gibt es unter den koreanischen Göttergeschichten über die Erschaffung der Welt.

DIE FUCHSFRAU

Vor vielen Jahren wurde einmal ein junger Mann von seinem König ins Land Tō geschickt. Er nahm Abschied von seiner Frau und schiffte sich ein. In China studierte er fleißig, und er versuchte auch, sich im Waffenhandwerk zu vervollkommnen. Nach einer Weile wurde er mit einem wunderschönen Mädchen bekannt, und dieses gefiel ihm so gut, daß er es als seine Frau betrachtete. Er konnte nicht ahnen, daß die gewählte Gefährtin in Wirklichkeit eine Füchsin war.

Die Fuchsfrau kümmerte sich mit Liebe und Hingabe um ihren menschlichen Gatten, sie sorgte sich nicht nur um sein leibliches Wohl, sondern sie war auch bei den täglichen Waffenübungen seine Partnerin. Der Mann war ganz bezaubert von der jungen Frau, und als die Zeit zur Heimkehr nach Ryūkyū gekommen war, beschloß er, in China zu bleiben.

In Okinawa wartete jedoch seine rechte Frau auf ihn, und als er nicht heimkommen wollte, machte sie sich auf nach Tō, um nach der Ursache seines Ausbleibens zu forschen. Sehr bald mußte sie merken, daß ihr Mann in ein schönes, junges Mädchen bis über beide Ohren verliebt war, sie suchte dieses Mädchen auf und bat es, ihr den Ehemann zurückzugeben.

Die Fuchsfrau hörte sich an, was sie zu sagen hatte, dann holte sie ein viereckiges Kästchen hervor und sprach: »Ich werde dir dieses Zauberkästchen vermachen. Es ist dies eine ganz wunderbare Schachtel. Ich liebe deinen Mann sehr und möchte nicht von ihm lassen. Wenn du dich von ihm trennst und ihn mir überläßt, sollst du diese Zauberschachtel erhalten.«

Die andere horchte auf: »Was hat diese Schachtel denn für einen Wert?« Das Fuchsmädchen erklärte eifrig: »Hier, schüttle diese Ecke, und du wirst reich werden. Nie mehr wird es dir an Geld mangeln. Die zweite Ecke verleiht dir, wenn du sie hin und her schwenkst, ein langes Leben, und die dritte Ecke wird dir alle sonstigen Wünsche, die ein Mensch nur haben kann, erfüllen. Nimm diesen wunderbaren Kasten und lasse mir dafür deinen Mann.«

Die Ehefrau lehnte sich zurück und sagte scharf: »Es sind vier Ecken. Warum erklärst du mir nicht, welche Eigenschaft die vierte Ecke hat? Wenn du mir das nicht sofort sagst, werde ich dir nie meinen Mann überlassen!«

Die Frau, die eigentlich eine Füchsin war, zögerte, dann antwortete sie zaghaft: »Die vierte Ecke besitzt eine schreckliche Kraft. Wenn du sie schüttelst, wird der Mensch, den du haßt, sterben.« Die erste Gattin riß den Kasten an sich und rief mit überschlagener Stimme: »Soll ich nun diese Ecke schwenken und mir wünschen, daß das Weib, das ich nicht ausstehen kann, verderben möge?« Ihre Augen glänzten rachsüchtig.

Die Fuchsfrau begriff sogleich, daß sie das Spiel verloren hatte, sie verwandelte sich in ihre wahre Gestalt und sagte zu dem jungen Mann, der fassungslos zwischen den beiden Frauen gestanden hatte: »Höre, ich trage ein Kind von dir unter dem Herzen. Gib mir irgend etwas von dir zum Zeichen, daß du dieses Kind als das deine anerkennst!« Die Füchsin erhob flehend ihre Vorderpfoten, und die Tränen strömten ihr aus den Augen. Da reichte ihr der Mann seinen Fächer und sprach: »Gib unserem Kind, wenn es groß geworden ist, diesen Fächer und lasse es nach Okinawa zu mir reisen. Ich werde es sicherlich nicht verleugnen.« Damit nahm er Abschied von der Fuchsfrau.

Er kehrte zusammen mit seiner ersten Frau nach Ryūkyū zurück, und bald wurde ihnen ein gesunder, kleiner Junge geboren. Dieser Sohn gedieh und hatte, wie sein Vater, große Liebe zu den Wissenschaften und den Waffenübungen. Besonders in der Kunst, mit Waffen umzugehen, hatte er es sehr weit gebracht, und als es wieder einmal galt, einen Fechtmeister für den König zu bestimmen, wurde er in die engere Wahl gezogen. Aus ganz Okinawa strömten die Waffenkundigen zusammen, sie stellten sich nacheinander zum Zweikampf, und endlich blieb als Sieger der junge Mann übrig. Er hatte all die anderen übertroffen, und nun sollte ihm die ehrenvolle Stellung zugesprochen werden.

Da erschien ganz plötzlich ein fremder Jüngling. Niemand hatte ihn bisher gesehen, er war ein stattlicher Mann, und in der Hand trug er einen Fächer. Er rief: »Vergebt das Amt nicht so schnell, ich will mich auch bewerben und stelle mich zum Ausscheidungskampf!« Er trat gegen den jungen Mann an, der bisher alle Gegner spielend überwunden hatte, und zwar nur mit dem Fächer als Waffe. Und was kein Mensch für möglich gehalten hatte, er besiegte den bisher Besten mit Leichtigkeit. Nun hatte er Anrecht auf das Amt des königlichen Fechtmeisters. Es zeigte sich jedoch eine Schwierigkeit: Der Jüngling war zwar ein vorzüglicher Fechter, aber niemand wußte, wer er war und aus welcher Familie er stammte. Ein namenloser Mann kann nicht der Lehrer des Herrschers werden! Die Räte des Königs zerbrachen sich die Köpfe.

Da faltete der Jüngling seinen Fächer auseinander und hielt ihn hoch in die Luft. Aus den Reihen der königlichen Beamten erscholl ein Aufschrei, der Mann, der in Tō studiert hatte, stürzte hervor und drückte den Jungen an die Brust. Dazu rief er wieder und immer wieder: »Du bist mein

Sohn, mein lieber Sohn, ich erkenne dich hiermit vor allen Menschen an!«

Der Mann hatte seinen Fächer, den er der Fuchsfrau gegeben hatte, wiedererkannt. Er wußte, daß er seinen Sohn vor sich hatte. Nun stand der Laufbahn des jungen Mannes nichts mehr im Wege, und er wurde zum Fechtmeister des Königs ernannt.

Anmerkung:
Diese Erzählung unterscheidet sich sehr von den Erzählungen gleichen Titels, die in Japan in großer Zahl bekannt sind. In Japan finden sich unter anderem häufig Varianten der Version von der »Shinoda-zuma« (die Frau aus dem Shinoda-Wald), welche die Abstammung von Abe Seimei, dem Sterndeuter aus dem 11. Jahrhundert, erklären will (Endō). Eine Parallele zum Märchen von Okinawa besteht aber darin, daß beide jungen Männer Söhne einer Füchsin sind und es zu Amt und Würden bringen.

Die Walfische

Die Natur schenkt den Inseln von Okinawa zweimal im Jahr eine Reisernte. Im Herbst, nach dem ersten Schnitt, feiern die Menschen ihre Erntedankfeste, dann bereiten sie die zweite Aussaat vor.

Auf der südlichsten Insel des Ryūkyū-Archipels, auf Hateruma, gibt es im Herbst, wenn die Plejaden am Himmel erschienen sind, häufig starke Regenfälle, und die Reisfelder liegen unter Wasser. Darauf haben die Menschen gewartet, sie führen ihre Rinder auf das überschwemmte Land und treiben sie den ganzen Tag lang durch den fruchtbaren Schlamm. Die Hufe der Kühe bearbeiten den Boden, und wenn er durch und durch weich geworden ist, vertrauen die Bauern der Erde das neue Saatgut an. Das durchgewalkte Erdreich hält lange das kostbare Wasser zurück, und auch wenn viele Tage kein Niederschlag mehr fallen sollte, trocknen die Felder nicht so leicht aus.

Wieder einmal war der Regen zur guten Zeit eingetroffen, die Äcker lagen überschwemmt, und in allen Häusern begann emsige Tätigkeit. Jeder Bauer führte sein Rind hinaus und ließ es den Boden langsam und gründlich bearbeiten. Wieder und wieder trottete das Tier über dieselben Stellen, und der Boden wurde gut vorbereitet. Nun lebte aber auf der Insel Hateruma ein fauler Taugenichts, der verlachte all die Mühe und sagte verächtlich: »Dummes Zeug, warum soll ich den ganzen Tag lang einer Kuh nachrennen? Da weiß ich etwas Schlaueres.«

Der Faulpelz war reich und besaß viel Vieh. Er führte also acht Rinder aus dem Stall und begab sich mit ihnen auf sein Feld. Dort schirrte er die Tiere so an, daß sie nebeneinander in einer Reihe standen, er faßte die Zügel und trieb sie hinunter auf den Acker. Das Rind rechts außen ging knapp am Feldrain entlang, das Rind links außen trottete in der Mitte des Reisfeldes. Der Mann spornte seine Tiere an, und wie er es sich gedacht hatte, gingen sie in breiter Front durch den weichen Boden. »Ja, Köpfchen muß man haben! Mit meiner Methode habe ich die Arbeit im Nu bewältigt, was soll ich mich denn von Sonnenaufgang bis Sonnenuntergang plagen!« prahlte er und war außerordentlich stolz auf seine Erfindung.

Eingebildet sah er nur sich selber und seine Rinder, und es fiel ihm nicht auf, daß die Nachbarn auf den umliegenden Feldern plötzlich alles hinwarfen, ihre Rinder hastig losbanden und dann auf einen nahen Hügel rannten. Der Prahlhans bemerkte nicht, daß sich im Meer eine gewaltige Flutwelle erhoben hatte und unaufhaltsam auf die Insel zurollte. Als er die Gefahr endlich gewahr wurde, war es zu spät: Donnernd brach die weiße Gischt über ihm zusammen, er hatte keine Zeit, seine acht Rinder loszuschirren und sich selber zu retten. Die reißende Flut erfaßte ihn und seine Tiere und zog alles hinaus ins Meer. Für den Mann war dies das Ende, er kam jämmerlich um, die Rinder jedoch überlebten. Schon seit alten Zeiten sagen die Bewohner von Hateruma: »Das Rindvieh fühlt sich im Wasser wie zu Hause, es schwimmt so lange, bis ihm endlich Algen auf den Hufen wachsen.«

Auch die acht Rinder, die ins Meer gespült worden waren, gingen nicht unter, sie schwammen und schwammen und wollten auf ihre heimatliche Insel zurück. Die Meeresströmung zog sie jedoch weiter hinaus, und endlich verloren sie Hateruma aus den Augen. Sie gaben aber dennoch nicht auf, und nach einer gewissen Weile verwandelten sie sich in Wale. Das weite Meer war zu ihrer Heimat geworden.

Jedes Jahr, wenn es Herbst wird und die Zeit zur zweiten Reisaussaat gekommen ist, zeigen sich Wale in den Wassern um Hateruma. Sie spielen, blasen hohe Fontänen in die Luft und rufen laut: »Moo, moo.« Man könnte fast meinen, eine Kuhherde tummle sich in der See. Das ist auch nicht weiter verwunderlich, denn einst waren sie ja Kühe, diese Wale. Und jedes Jahr kehren sie einmal in ihre alte Heimat zurück, die sie nicht vergessen können.

Anmerkung:

Bei der Flutwelle handelt es sich um einen sogenannten Tsunami, der bei Erd- oder Seebeben auftreten kann.

Auch auf den Tokashiki-Inseln wird von Rindern berichtet, die zu Walen geworden sein sollen: Ein faules Rind wollte einst nicht mehr den Menschen dienen und floh ins Meer. Dort wurde es zum Wal. Der Herrscher des Meeresdrachenpalastes befahl ihn in seinen Dienst, das paßte dem Wal nicht, er riß aus und schwamm zurück zu seinen heimatlichen Inseln. Dort umkreiste er die Heimat und rief sehnsüchtig: »Moo, moo.« Der Drachenfürst war über diese Flucht sehr aufgebracht, und er befahl dem Shachi (Rissosdelphin) mit den schrecklichen Zähnen, den faulen Wal zu verfolgen und zu töten. Seit dieser Zeit bringt der Shachi jeden Wal, der ihm unter die Augen kommt, um.

Das Mädchen
mit dem Reistiegel
auf dem Kopf

Einst schenkte eine Mutter einem kleinen Mädchen das Leben, dann seufzte sie tief und nahm Abschied von der Welt. Nach einer gewissen Zeit vermählte sich der Vater wieder, und auch die Neue wiegte bald ein Töchterlein in den Armen. Die beiden Mädchen wuchsen miteinander auf, und die Tochter der ersten Frau erblühte zu einer lieblichen, sanften Jungfrau. Und ihr allerschönster Schmuck war ihr langes, rabenschwarzes Haar. Keine Schere hatte es je berührt, es glänzte in der Sonne, und jeder, der es erblickte, mußte bekennen, daß er noch nie solch herrliche Zierde gesehen hatte.

Der Ruf von dem schönen und liebenswürdigen Mädchen erscholl über die ganze Insel, und manch ein reiches und vornehmes Haus hätte es gerne als Schwiegertochter zu sich geholt. Die Stiefmutter sah, wie begehrt das Kind der ersten Frau war, und da sich für ihre eigene Tochter weit und breit kein Heiratskandidat blicken lassen wollte, fing sie an, die Stieftochter abgrundtief zu hassen. All ihre Gedanken waren darauf gerichtet, das Mädchen aus dem Haus zu schaffen, ja, nicht einmal vor Mord scheuten ihre Machenschaften zurück. Sie wollte um jeden Preis der eigenen Tochter eine glänzende Partie verschaffen.

Eines Tages rief sie die Stieftochter zu sich und befahl: »Geh sogleich und hole mir Zweige von dem Baum Immerlebt. Und komm mir erst wieder vor die Augen, wenn du sie hast!« Das Mädchen hatte noch nie von einem solchen Baum gehört, und es konnte sich keine Vorstellung davon machen, wo er zu suchen war. Die Stiefmutter gab keine weitere Erklärung, sie bestand nur barsch auf ihrem Auftrag und jagte die Zögernde hinaus. Der Jungfrau blieb nicht anderes übrig, sie mußte sich auf die Suche nach dem Baum mit dem seltsamen Namen machen. Sie ging in den Wald und fragte die Bäume, die raschelten jedoch nur leise im Wind. Sie wanderte am Saume des Meeres entlang, auch die Wellen wollten nicht antworten, und jeder Mensch, der ihr begegnete, hätte ihr gerne geholfen, vermochte es aber nicht. Langsam sank die Sonne gegen Westen, der Abend brach herein, und es wurde kühl, das Mädchen wagte es jedoch nicht, unverrichteter Dinge heim zu der Stiefmutter zu gehen. »Was für ein Baum ist das nur, der Baum Immerlebt? Wenn ich ihn nicht finde, kann ich nie mehr heimkehren«, murmelte es verzweifelt vor sich hin. Und als es überhaupt nicht mehr wußte, wohin es sich wenden sollte, erschien auf einmal der Geist der toten Mutter vor ihm, der lächelte es liebevoll an und sprach: »Mein gutes Kind, mit dem Baum Immerlebt ist die Kiefer gemeint. Geh und brich dir einen Zweig vom Kiefernbaum, dann kannst du getrost nach Hause zurückkehren.« Die Erscheinung verblaßte allmählich und verschwand schließlich ganz.

Überglücklich brach das Mädchen einen Zweig von einer Kiefer ab, ging eilig nach Hause und reichte ihn der Stiefmutter. Die mußte zugeben, daß die gestellte Aufgabe ausgeführt war, aber sie freute sich nicht, sondern blickte die Stieftochter mit bösen Augen an. Ihr Vorhaben, sie aus dem Haus zu vertreiben, war vorerst gescheitert.

Bald aber spann sie neue Pläne: »Das dumme Ding hat herrliches, langes Haar, deshalb werden die Burschen alle närrisch und wollen es heiraten. Wenn ich nun der Trine die Haare nehme, wird sie häßlich werden, und kein Mensch hat mehr Interesse an ihr.« Und sogleich setzte die Frau ihren Einfall in die Tat um: Sie rief die Stieftochter, und ohne auf deren erschrockene Bitten zu hören, schor sie ihr den Kopf ratzekahl. Im Nu lagen die schönen Zöpfe auf dem Boden, und die Alte freute sich sehr. Nicht nur das, sie wollte die Tochter noch mehr demütigen und alle Leute wissen lassen, wie häßlich das Mädchen geworden war. Deshalb fuhr sie es an: »Heute habe ich vor, eine besonders große Menge Reis zu kochen, dazu fehlt es mir aber an Töpfen. Geh hinüber zum Nachbarn und leihe einen Reistopf!« Und sie wies die Weinende umbarmherzig vor die Haustür.

Die Jungfrau ging, wie die Mutter es wünschte, ins Nachbarhaus und bat: »Bitte leiht uns für einen Tag euren Reistiegel!« Die Nachbarsleute betrachteten sie entsetzt, sie wußten zwar, daß sie unter der Stiefmutter zu leiden hatte, aber das, was man ihr nun angetan hatte, war doch gar zu arg. Mitleidig trösteten sie sie, so weit sie es vermochten, und gaben ihr schnell den gewünschten Topf. Das Mädchen nahm ihn dankend an, und als es vor die Tür trat, ging plötzlich ein kalter Regenschauer nieder. Die eisigen Tropfen prasselten auf seinen armen, kahlen Kopf, da stülpte es sich den Reistopf als Schutz über und rannte hinüber zu seinem Haus. Dort wollte es die Kopfbedeckung abnehmen, der Topf saß jedoch wie angegossen und ließ sich nicht mehr bewegen, wie sehr es auch daran zerrte.

Die Stiefmutter sagte hämisch: »Was bist du doch für ein Unglücksrabe! Ich habe dir aufgetragen, daß du den Reistopf leihen sollst, und kein Mensch hat dir gesagt, daß du ihn dir über den Kopf stülpen sollst. Du Gans, du!« Sie lachte boshaft. Dann fuhr sie fort: »Marsch, hinaus mit dir! Hol mir noch einmal einen Zweig vom Baum Immerlebt. Das wenigstens wirst du doch können!« Die Nacht war bereits hereingebrochen, aber die böse Frau schickte das Mädchen hinaus in die Dunkelheit und den strömenden Regen.

Die Tochter wußte nun, zu welchem Baum sie zu gehen hatte, und als sie wieder die Kiefer, von der sie schon einmal einen Zweig genommen hatte, aufsuchte, erschien ihr abermals der Geist der toten Mutter. Die Mutter sah mit Schrecken, wie ihr armes Kind einen Reistiegel über den Kopf gestülpt trug, sie schlug mit einem Weihrauchkästchen nach dem entstellenden Ding und versuchte, es so herunterzuholen. Da blieb das Weihrauchkästchen am Tiegel kleben, es saß fest und ließ sich nicht mehr entfernen.

Die Jungfrau brach einige Zweige vom Baum Immerlebt, und als sie diese daheim der Stiefmutter gab, lachte die laut auf: »Was bist du doch für ein possierliches Kind, du hast dich wirklich und wahrhaftig vortrefflich ausstaffiert! Erst einen Reistopf über den Kopf stülpen, und weil das offenbar nicht genug ist, mußt du dir auch noch ein Weihrauchkästchen an den dummen Tiegel anpappen. Ah, geh mir aus den Augen, du garstiges Ding!«

Später sagte die Stiefmutter zu ihrem Mann: »Wie soll ich weiter mit so einem Kind leben? Wer hat je gehört, daß man einen Weihrauchbehälter an einen Reistopf klebt und das alles zusammen über den Kopf gestülpt trägt? Deine Tochter ist eine Schande für unsere Familie. Am besten bringen wir sie um und verscharren sie irgendwo. Dann sind wir sie endlich los!«

Der Mann hörte traurig das Gekeife seiner Frau. Er dachte niedergeschlagen: »Warum soll ich mein eigen Fleisch und Blut umbringen? Das Kind ist alles, was mir meine erste Frau hinterlassen hat. Ach, was mach ich nur mit dem Unglücksraben?« Die Stiefmutter wollte jedoch keine Ruhe geben, jeden Tag lag sie ihrem Mann in den Ohren und quälte ihn: »Die Leute lachen uns schon aus, weil wir so einen häßlichen Balg im Haus haben. Wenn er weiter hierbleibt, wird meine eigene Tochter nie einen Mann bekommen. Niemand will etwas mit uns zu tun haben, und kein Freier wird je den Fuß über unsere Schwelle setzen. Ich sage dir, räume den greulichen Fratz aus dem Weg!« So ging das Gezänk vom Morgen bis zum Abend, und endlich gab sich der Mann geschlagen. Er war müde geworden. Er rief einen Knecht herbei und befahl ihm: »Führe meine Tochter irgendwohin und lasse sie laufen. Töte dann einen Hund, beschmiere ein Messer und ein Kleidungsstück des Mädchens mit seinem Blut und zeige beides meiner Frau. Sage ihr, daß du das Kind erschlagen hast. Vielleicht gibt die Frau dann endlich Ruhe!« Und der Mann seufzte schwer.

Der Knecht tat wie befohlen, und als er der Stiefmutter das blutige Messer zeigte, war die zufrieden. Endlich war der Gegenstand ihres Hasses aus der Welt geschafft.

Das Mädchen fand sich allein im tiefen Wald zurückgelassen, es lief, so weit es die Füße tragen wollten, und endlich kam es ans Meer. Es setzte sich todmüde an den Strand und starrte gedankenverloren auf das weite Wasser hinaus. Es hatte keine Ahnung, wohin es sich wenden konnte, und es vermochte nur, sich den Göttern zu empfehlen. Da segelte ein großes Schiff ganz nahe vorbei, die Jungfrau sprang auf, winkte und rief es an, und als der Kapitän nach ihrem Begehr fragte, bat sie: »Ach Herr, nimm mich auf deinem Schiff mit. Mir ist jedes Ziel recht, ich habe keine Heimat und Familie mehr, ich folge dir gerne überall hin.«

Der Kapitän war ein gütiger Mann, und er dachte: »So ein armes Ding, mit dem schrecklichen Reistiegel auf dem Kopf. Ich will gerne helfen, so gut ich es vermag. Man sagt doch, wer anderen hilft, hilft sich selber.« Und er antwortete freundlich: »Du kannst selbstverständlich mit uns fahren. Steig nur ein, es soll dir bei uns an nichts fehlen.«

Das Schiff durchglitt manchen Tag die Wellen, lange war kein Land zu sehen, endlich aber erschien am Horizont eine große Insel. Dort legte das Fahrzeug an, und der Kapitän sprach zu der Jungfrau: »Mein Kind, wir sind an unserm Ziel angelangt. Du mußt nun aussteigen. Hast du Verwandte oder Bekannte auf dieser Insel hier, an die du dich wenden kannst?« – »Ich kenne keine Seele, aber das macht nichts. Wenn ich einmal an Land gegangen bin, werde ich schon eine Möglichkeit finden, mich durchzubringen. Hab Dank für deine Hilfe und Freundlichkeit.« Man setzte das Mädchen an den Strand, es lief durch das unbekannte Land, es ging und ging, und endlich erreichte es ein prachtvolles Schloß. Das war die Wohnung des Königs. Die Jungfrau war vom Laufen sehr müde geworden, deshalb kroch sie erschöpft unter eine Hecke nahe beim Eingang und verbrachte so die Nacht.

Der König dieser Insel hatte einen Sohn, der zu dieser Zeit zu einem stattlichen Jüngling herangewachsen war. Der junge Mann bereitete jedoch den Eltern beträchtlichen Kummer, denn er liebte die Einsamkeit und ging nur sehr selten aus. Auch nach einer Braut wollte er sich nicht umsehen. Diesen Prinzen nun überkam just an diesem Morgen plötzlich der Wunsch, sich vor dem Schloß zu ergehen, und auf seinem Spaziergang entdeckte er das Mädchen mit der wunderlichen Kopfbedeckung, wie es an der Hecke kauerte. Es war ein so ungewöhnlicher und sonderbarer Anblick, daß er stehen blieb und fragen mußte: »Wer bist du denn, und warum sitzt du so mutterseelenallein hier?« – »Junger Herr, ich bitte dich, nimm dich meiner an. Ich bin gestern abend auf dieser Insel angekommen, ich kenne keinen Menschen und weiß nicht, wohin ich mich wenden soll.« Der Prinz blickte in das bittende Gesichtchen, der entstellende Reistopf störte ihn überhaupt nicht, die guten, klaren Augen hatten es ihm sogleich angetan, und er mußte antworten, ohne es selber richtig zu begreifen: »Dann komm doch mit mir, ich will dir helfen!« Und er leitete die Jungfrau verstohlen in den Palast hinein. Er brachte sie in seine Gemächer und ließ sie, ohne daß seine Eltern davon eine Ahnung hatten, bei sich wohnen. Er teilte von nun ab alle seine Mahlzeiten redlich mit der Gefährtin, und er hatte sie bereits zwei Monde lange bei sich verborgen, als etwas geschah, an das der Prinz nicht gedacht hatte: Da das Essen, welches für eine Person bestimmt war, für beide nie richtig reichte, magerte er merklich ab. Der König und die Königin sahen mit Sorge, wie er immer dünner wurde, und sie fragten ihren Sohn liebevoll: »Warum magerst du denn so ab? Hast du etwa einen Kummer?« – »Nein, ich habe nichts zu beklagen.« – »Wieso bist du dann nur Haut und Knochen? Solltest du vielleicht krank sein?« – »Nein, liebe Eltern, es geht mir sehr gut, und es fehlt mir überhaupt nichts.« Der Königssohn drehte und wendete sich, und machte, daß er den besorgten Eltern aus den Augen kam.

Eines Tages trug die Königin selber die Mittagsmahlzeit des Prinzen in seine Gemächer. Sie schaute sich dabei verstohlen um, dabei kam sie an ein Kämmerlein, und als sie hineinlugte, sah sie ein unbekanntes Mädchen, das einen Reistiegel auf dem Kopf hatte und Speisen, die für den Königssohn bestimmt gewesen waren, verzehrte. Die Mutter hatte nun verstanden, warum der Prinz in letzter Zeit so mager geworden war, sie begab sich sogleich zu ihrem Gemahl, dem König, und beriet mit ihm, was zu tun sei. »Und«, fuhr sie fort, »ich will auch wissen, was das überhaupt für ein Mädchen ist und wie es ohne das entstellende Ding auf dem Kopf aussieht. Wie bringen wir es dazu, sich öffentlich zu zeigen?« Die Majestät strich sich den Bart, überlegte eine Weile, dann war es beschlossen: »Gut, so wird es wohl gehen. Wir rufen für den und den Tag ein großes Tanzfest aus und befehlen, daß alle, und ich meine wirklich alle, Bewohner unserer Insel zu erscheinen haben, um es anzuschauen. Wer nicht kommt, hat Strafe zu erwarten. Auch das fremde Mädchen wird sich zeigen müssen!«

Der Beschluß des Königs wurde überall ausgerufen, und sämtliche Bewohner der Insel versammelten sich an dem angegebenen Tag, um den Tänzen zuzuschauen. Auch der Prinz konnte sich dem Befehl des Vaters nicht entziehen, und er sprach zu dem Mädchen, das bei ihm im Zimmer wohnte: »Wir müssen dem König gehorchen, es gelten heute keine Ausflüchte, und du mußt mich, obwohl dich der Reistopf auf dem Kopf so sehr entstellt, auf den Schauplatz begleiten. Mach dich bereit und wasch dir die Augen blank!«

Die Jungfrau gehorchte, sie ging in die Badestube, und wie sie zu dem Prinzen zurückkehrte, tat es auf einmal einen hellen Klang, und der Reistiegel fiel ihr vom Kopf. Auch das Weihrauchkästchen löste sich und polterte auf den Boden. Der Prinz schaute erstaunt auf, vor ihm stand das allerlieblichste Mädchen, und herrliches, glänzend schwarzes Haar floß um seine Gestalt bis auf den Boden hinunter. Die Strähnen, welche die böse Stiefmutter abgeschnitten hatte, waren reicher denn je nachgewachsen, der Prinz hatte noch nie solchen Schmuck gesehen. Er half der Jungfrau, es aufzubinden, dann öffneten die zwei das Weihrauchkästchen der toten Mutter. Es waren prächtige Kleider für sie beide darin, und auch die passenden, kostbaren Haarnadeln fehlten nicht. Voll Freude legten sie die Gewänder an, sie halfen sich gegenseitig beim Schmücken der Haare, und dann gingen sie, Hand in Hand, hinaus auf den Festplatz. Tiefe, verblüffte Stille grüßte sie zuerst, dann wurden überall begeisterte Rufe laut: »Was für zwei schöne, junge Menschen!« »Endlich hat unser Prinz eine Braut gefunden!« »Hoch sollen sie leben, unser Prinz und seine Liebste!« Die Menge schaute nur noch das stattliche Paar an, und kein Mensch hatte mehr Augen für die Tänze.

Der König und die Königin nickten sich zu, sie konnten es kaum fassen: »Wann und wo hat unser menschenscheuer Sohn denn diese unvergleichliche Schönheit entdeckt?« Und der Herrscher meinte sehr erleichtert: »Endlich, endlich benimmt er sich wie ein Thronfolger!« Bald kehrte das Königspaar in den Palast zurück und ließ ein großes Hochzeitsfest ausrichten. Der Prinz und die schöne Jungfrau wurden zusammengegeben, und die ganze Insel feierte dieses frohe Ereignis viele Tage lang.

Zufällig war zu dieser Zeit der Vater der Braut in Geschäften auf dieser Insel unterwegs. Das Mädchen erspähte ihn im Nu in der großen Menge der Feiernden, es rief ihn zu sich, und Vater und Tochter lagen sich überglücklich in den Armen. Dann hielten sie sich lange fest bei den Händen, und der Alte sagte immer wieder fassungslos: »Mein Kind ist eine Königsbraut geworden!« Und die Augen gingen ihm vor Freude über.

Nach vielen Festlichkeiten kehrte der Vater auf seine Heimatinsel zurück, dort rief er alle seine Verwandten und Bekannten zusammen und berichtete voller Stolz: »Mein gutes Kind, das so lange den garstigen Reistiegel über den Kopf gestülpt tragen mußte, ist die Braut eines Prinzen geworden. Der älteste Sohn des Königs von der großen Insel hat mein Kind zur Frau genommen. Laßt uns alle dieses frohe Ereignis gebührend feiern!«

Die Stiefmutter hörte vom Glück des gehaßten Mädchens, sie ärgerte sich fürchterlich, und in ihrem Zorn biß sie sich die Zunge durch. Nicht lange, und sie war mausetot!

Anmerkung:
Haarnadeln *(kanzashi)* haben sich in Okinawa sowohl Frauen als auch Männern durch den Haarknoten gesteckt. An ihnen konnte man die gesellschaftliche Stellung des Trägers ablesen.

Dieses Märchen war nur in einem einzigen Beispiel und nur auf der Insel Tarama zu finden. Da der Erzähler kurz nach dem Aufzeichnen verstorben ist, war es nicht möglich, genauere Nachforschungen darüber anzustellen.

Tarama kennt manche Erzählungen, die in Okinawa nur hier zu finden sind. Auch die Insel Aguni zeigt die Besonderheit, daß einige Märchen nur hier und auf keiner anderen der vielen Inseln des Ryūkyū-Archipels bekannt sind (Endō).

Die Wunderblume im Meer

Vor langer, langer Zeit kannte man in einem Inselkönigreich eine grausame Sitte. Alle fünf oder
sechs Jahre opferten die Seeleute dort dem Mee-
resgott einen lebendigen Menschen. Sie hofften, als Gegen-
gabe gutes Wetter, ein ruhiges Meer und reichlichen Fang
zu erhalten.

Wieder einmal war die Zeit für ein Menschenopfer gekommen, und die Seeleute begaben sich auf Fahrt, um eine
geeignete Person zu finden. Nach langer Suche trafen sie
endlich auf einen Jungen von neun oder zehn Jahren, der liebevoll seinen blinden Vater umsorgte. Er arbeitete, schaffte
Nahrungsmittel herbei und tat alles, was in seinen Kräften
stand, um dem Kranken zu helfen. Er war ein Muster an
Kindesliebe. Und dieser Junge sprach zu den Schiffern, ohne daß der Blinde davon erfuhr: »Wenn ihr mir versprecht,
meinen Vater sein ganzes Leben lang zu versorgen, will ich
eure Gabe an die Meeresgötter werden!« Die Seeleute waren einverstanden, sie versprachen hoch und heilig, was der
Junge wünschte, dann fuhren sie mit ihm hinaus aufs Meer
und ließen ihn in die Wellen hinab.

Sieben Jahre vergingen, und die Seemänner segelten
durch Zufall an derselben Stelle vorüber. Da erblickten sie
ein Wunder: Genau dort in der blauen See, wo sie das Kind
dem Gott der Meere übergeben hatten, blühte mitten im
Wasser eine wundervolle, noch nie gesehene Blume. Die
Männer brachen diese herrliche Blüte, sie fuhren heim in ihr
Reich und überbrachten sie ihrem König.

Der Herrscher freute sich sehr und rief aus: »Welch unvergleichliche Blume, welch wunderbare Blume!« Er strich

liebkosend über die zarten Blütenblätter, er freute sich an dem Duft, und er blies sacht über die inneren Staubblättchen. Da tat sich der Kelch ganz auf, und ein kleiner Junge purzelte heraus.

»Oh, ein Elfchen!« riefen der König und seine Ratgeber wie aus einem Munde und schauten neugierig auf das Männlein. Vor ihren verwunderten Augen reckte und streckte sich der sonderbare Geist, er wurde größer und breiter, bis er endlich die Gestalt eines neun- oder zehnjährigen Buben hatte.

Der König war außerordentlich überrascht und fragte den Jungen aus. Der antwortete: »Ja, Herr, es sind schon manche Jahre vergangen, wie viele es sind, weiß ich gar nicht genau. Ich wurde als Menschenopfer im Meer versenkt, und als Gegenleistung für mein Leben hat man mir versprochen, alle Zeit für meinen blinden Vater zu sorgen. Ich konnte jedoch im Jenseits nicht zur Ruhe kommen, ich mußte immer darüber nachgrübeln, wie es ihm wirklich geht, ob er genug Speise hat, und ob man ihm die notwendige Kleidung reicht. Da bin ich nun wieder in diese Welt zurückgekommen, und ich will mich selber vergewissern, wie es um sein Schicksal steht.«

Der Landesherr hörte mit großer Teilnahme dieser Erzählung zu. Er fragte: »Erinnerst du dich denn an das Aussehen deines Vaters nach dieser langen Zeit?«

»Ja, wenn ich sein liebes Gesicht sehe, werde ich ihn sogleich erkennen.«

Der König erließ einen Befehl, und daraufhin versammelten sich alle blinden Männer im Lande vor dem Palast. Man ließ den Knaben durch diese Schar gehen und fragte ihn: »Nun, ist dein Vater unter diesen Männern? Wenn ja, dann sprich!« Das Kind sah sich jeden genau an, langsam ging es die Reihen ab, und endlich traf es auf einen schwachen Alten, der sich beinahe nicht mehr auf den Beinen halten konnte.

»Hier ist mein Vater. O lieber Vater, warum siehst du denn so erbärmlich aus?« Mit diesem Aufschrei stürzte sich der Junge auf den Blinden, umarmte und herzte ihn. Der Kranke erkannte sein Kind sogleich, er umfaßte es fest, und beide weinten Freudentränen. »Mein Junge, mein Junge, du lebst also doch noch, jeden Tag habe ich auf dich gewartet. Nur die Hoffnung, dich wiederzusehen, hat mich am Leben gehalten. Ach, welche Freude!«

Der König und seine Räte sahen die übergroße Freude, und auch sie wurden zu Tränen gerührt. Man speiste und kleidete Vater und Sohn und sorgte dafür, daß sie genug zum Leben hatten. Im ganzen Königreich wurde die Geschichte von dem Sohn, der sich aus Liebe zu seinem Vater geopfert hatte, verbreitet und bekannt. Später, als der Junge erwachsen war, wurde er zu hohem Amt berufen, und er beschloß seine Tage in Freude und Zufriedenheit.

Anmerkung:

Unter »Kindesliebe« (jap.: kōkō) wird in Japan die Liebe der Kinder zu den Eltern verstanden, die Kindespflicht, an die Eltern zu denken.

Diese Erzählung von der Wunderblume hat noch einen anderen Titel, nämlich »kōkō musuko«, der Sohn also, der seine Kindespflicht erfüllt.

Von der Frau,
die zu einem Schiff wurde

Vor vielen, vielen Jahren lebte einmal ein junges Mädchen, die schöne Masurabi. Sie hatte seit einiger Zeit einen Verehrer, ein stattlicher Jüngling. Er kam jeden Abend in ihr Elternhaus und verbrachte die Nacht bei ihr. Niemand wußte, woher er kam oder wohin er ging, ihn umgab ein Geheimnis, und Masurabi dachte manchmal, daß er kein Mensch, sondern ein Geisterwesen sei. Sie war jedoch sehr in ihn verliebt, und daher wies sie diesen Verdacht von sich.

Die beiden waren ein Paar geworden, die Zeit verfloß, und nach einigen Monaten sagte der junge Mann: »Ich möchte dich gerne mit mir in meine Heimat nehmen!«

Das Mädchen freute sich und folgte ihm vertrauensvoll. Sie gingen über Berg und Tal, durch dunkle Wälder, und endlich standen sie vor einem tiefen, reißenden Fluß. Weit und breit war keine Brücke zu sehen, nicht einmal ein schmaler Steg führte über den Strom, und Masurabi fragte verzagt: »Liebster, wie sollen wir denn je über dieses wilde Wasser kommen?« Der Jüngling antwortete ruhig: »Mach dir keine Sorgen, meine Schöne, ich werde dich hinübertragen. Steig auf meinen Rücken!«

Sie tat wie geheißen, der Mann trat vorsichtig in die Flut, und er, der eben noch ein schöner Mensch gewesen war, verwandelte sich in eine gewaltige Schlange. Leicht und sicher durchschwamm sie das reißende Wasser und trug das Mädchen mit sich.

Masurabi aber wollten beinahe die Sinne schwinden, und sie jammerte: »Mein Gatte ist eine Schlange, ich bin mit einer Schlange die Ehe eingegangen!« Und wie sie noch klagte, erreichten beide das Ufer auf der anderen Seite, die Schlange rollte sich aufs Land hinauf und war im gleichen Augenblick wieder zu dem Jüngling geworden, den Masurabi so liebte. Er lächelte sie an und sagte: »Komm, laufen wir weiter!«

Willenlos ging das Mädchen mit ihm über Stock und Stein, und endlich erreichten sie eine zerklüftete Felswand. Der junge Mann wurde sogleich zur Schlange und glitt ohne Schwierigkeit in eine Spalte hinein. Masurabi stand ratlos vor den großen Steinen und weinte laut auf: »Da hinein kann ich dir nicht folgen!« Sie wartete lange und rief immer wieder nach dem Geliebten, der aber wollte sich nicht mehr zeigen. Schließlich verlor Masurabi alle Hoffnung, sie drehte um und lief den Weg, den sie eben gekommen war, wieder zurück. Sie erreichte den wilden Fluß, und dieser verwehrte ihr jedes Weitergehen. Sie blickte sich um, kein Mensch zeigte sich, sie stand und weinte, und endlich wurden all der Schreck und das Herzeleid zuviel. Masurabi sank darnieder und hauchte ihren Geist aus.

Und dort, wo sie zusammengebrochen war, sproß eine Zeder hervor. Diese Zeder wuchs und wurde sehr schnell zu einem riesigen Baum.

Masurabis Brüder waren lange Zeit auf Reisen gewesen, und als sie endlich wieder daheim waren, fragten sie die Eltern: »Wo ist unsere schöne Schwester, wo ist Masurabi?«

Vater und Mutter antworteten traurig: »Wir wissen es nicht, eines Tages ist sie weggegangen, und seither hat sie niemand mehr gesehen. Wir haben jedoch gehört, daß am Ufer des Omoto-Flusses aus dem Körper eines toten Mädchens eine große Zeder gewachsen sein soll. Vielleicht ist das unsere Tochter, geht doch und schaut einmal nach!«

Die Brüder gingen und fanden den Baum. An seinem Fuße lag die Kleidung der verschwundenen Schwester. »Das ist sie, das ist unsere Masurabi!«

Sie umstanden lange den Waldriesen und überlegten, wie sie die Schwester heimholen könnten. Endlich legten sie den Baum nieder und fertigten aus seinem Stamm ein Schiff. Sie sangen:

»Oh Schiff, betrachte ich dein Heck,
dann muß ich an die weißen Glieder von Masurabi denken!
Schaue ich jedoch deinen Bug an,
dann erblicke ich dein blumengleiches, lichtes Antlitz,
o Schwester Masurabi!«

Die Brüder weinten, dann bestiegen sie das Schifflein und führten es den Fluß hinab bis in ihre Heimat.

»Wir haben Masurabi nach Hause zurückgebracht«, verkündeten sie traurig den Eltern. Und die klagten lange über dem verwandelten Körper der Tochter.

Anmerkung:
Es gibt viele Märchen in Japan, die davon berichten, wie ein Mädchen die Ehe mit einer Schlange eingeht. Die hier vorgestellte Version ist sehr ungewöhnlich.

DIE DANKBAREN MOSKITOS

Vor vielen, vielen Jahren lebte einmal ein Ehepaar, das sich sehr gut war. Der Mann war eines Tages, nachdem er seine Arbeit auf dem Feld erledigt hatte, auf dem Heimweg, und wie er so ging, verdüsterte sich der Himmel, und ein gewaltiger Regenschauer prasselte nieder. Er erreichte einen Fluß, den er zu überqueren hatte, und dort sah er, daß mit dem wildgewordenen Wasser allerlei Tiere angeschwemmt wurden. Besonders Moskitos, Frösche und Vögel fielen ihm auf.

Er dachte mitleidig: »Arme Tierlein, ihr sollt nicht umkommen.« Und geschwind half er ihnen aus den Fluten und setzte sie aufs Trockene. Dann ging er, vom Regen bis auf die Haut durchnäßt, endlich heim zu seiner lieben Frau.

Das Ehepaar verbrachte fleißig und friedlich seine Tage, der Mann hatte Freude an seiner Frau, und die Frau gab ihrem Mann all ihre Liebe, dann aber suchte schweres Unglück die Leute heim. Die Frau wurde nämlich plötzlich sehr krank und mußte sich zu Bett legen. Der Mann pflegte sie mit Hingabe, sie erholte sich aber nicht, und eines Morgens öffnete sie ihre Augen nicht mehr. Sie war in die andere Welt hinübergegangen. Der Ehemann wollte nicht fassen, was ihm geschah, er verbrachte die Zeit wie gelähmt, und am 49. Tag nach dem Ableben seiner Liebsten gab auch er seinen Geist auf. Er trat die Reise in die Unterwelt an, und der Gedanke, nun bald seine Frau wiedersehen zu können, trieb ihn sehr schnell vor König Enma, den Richter in der Unterwelt.

Er bat den Gewaltigen: »Vor 49 Tagen ist meine liebe Frau hierhergekommen. Herr, ich bitte dich, führe uns zusammen!« Der Richter zog sein großes Buch zu Rate, dann nickte er und sprach: »Du warst zu deinen Lebzeiten ein guter Mensch und hast nie etwas Schlechtes getan. Ich denke, ich kann dir deinen Wunsch erfüllen. Folge mir!« Der Höllenrichter führte nun den Mann zu einem weiten Platz, und dort standen viele hundert Frauen. Sie sahen sich alle sehr ähnlich, und auch ihre Kleidung war die gleiche. König Enma sprach: »Welche davon ist denn deine Frau?« Der Gefragte überblickte die große Frauenschar, und sein Herz zog sich angstvoll zusammen. Die Frauen hatten alle dasselbe Aussehen, und er konnte seine Liebste nicht herausfinden. Schon wollte er sich traurig abwenden, als er ein feines Summen vernahm. Eine der Stechmücken, die er aus dem wilden Fluß gefischt und gerettet hatte, tanzte um sein Ohr, und sie sang mit zartem Stimmchen: »Die mit dem kleinen Wasserkrug, die mit dem kleinen Wasserkrug, das ist sie!« Der Mann atmete tief auf, er drehte sich hin zu Enma und sagte: »Die Frau dort mit dem Wasserkrüglein, das ist meine Frau. Nun führe uns bitte zusammen.«

Der Herrscher der Unterwelt war recht überrascht, dann aber führte er den Bittsteller zu einem Berg, auf dem viel Bambus wuchs. Dort sprach er: »Ich habe noch eine Aufgabe für dich. Sage mir, wie viele Bambusstämme auf diesem Hügel hier stehen. Wenn du richtig antwortest, sollst du endlich mit deiner Frau zusammengeführt werden.« Der arme Mann wollte beinahe die Fassung verlieren. Er blickte sich betrübt um und dachte: »Kein Mensch kann alle diese Stämme zählen, ich weiß mir wirklich nicht zu helfen.« Und er ließ den Kopf hängen.

Die Tiere aber, die er vor langer Zeit aus dem Fluß gerettet hatte, sahen seine Not. Die Moskitos, die Vögel und die Frösche setzten sich zusammen und hielten Rat: »Liebe Brüder, der Mensch dort hat uns einst Beistand geleistet und aus dem Wasser geholt, nun wollen wir ihm auch helfen!« Bald hörte der niedergeschlagene Mann wiederum ein feines Summen, und die Stechmücke sang an seinem Ohr: »Tausend Stämme, ja, tausend Stämme sind es!« Da wandte er sich zu König Enma, der ihn gespannt betrachtete, und sagte: »Auf dem Hügel hier wachsen tausend Bambusstämme.«

Der König der Unterwelt wunderte sich sehr, weil der Mann auch diesmal richtig geantwortet hatte. Nun führte er ihn, so wie er es versprochen hatte, hin zu dessen Gattin und freute sich am Glück der beiden Menschen. Der Gewaltige überlegte eine Weile, dann sprach er: »Wie denkt ihr, wollt ihr zwei wieder in euer voriges Leben zurückkehren?« Mann und Frau nickten froh mit glänzenden Augen, sie hielten sich bei den Händen, und der König fuhr fort: »Ihr beide wart während eures Lebens gute Menschen, und ich denke, daß ihr es verdient habt, wieder wie früher zu sein. Ich werde euch jetzt ein Rätsel aufgeben, und wenn ihr es lösen könnt, sollt ihr in euer vormaliges Dasein zurückkehren. Also hört und sagt mir, was das ist: Am Morgen läuft es auf vier Beinen, am Mittag jedoch auf zwei Beinen, und wenn es Abend wird, benutzt es drei Beine. Was ist das wohl?«

Das Ehepaar, das sehr gerne auf die Erde zurückkehren wollte, überlegte angestrengt. Es dachte an dieses und jenes, verwarf aber all die Antworten wieder. Jedoch war Hilfe bereits nahe. Abermals hielten die Moskitos, die Vögel und die Frösche Rat, und endlich summte eine kleine Steckmücke um das Ohr des Mannes, und der konnte ganz deutlich vernehmen, was der Moskito sang. Der summte nämlich: »Das ist der Mensch, das ist der Mensch!« Der Mann sprach sogleich zu König Enma: »Dieses Wesen kann nur der Mensch sein. Er kommt auf die Welt, und am Morgen seines Lebens kriecht er auf vier Beinen. Ist er dann erwachsen, geht er am Mittag seines Daseins kräftig auf seinen beiden Beinen, und am Abend, wenn er alt geworden ist, braucht er einen Stock, er benutzt also drei Beine.«

Der Höllenrichter nickte zufrieden: »So ist es, du hast richtig geraten, du hast mir dreimal die rechte Antwort gegeben. Ihr sollt auf die Erde zurückkehren dürfen. Nun hört gut auf das, was sich euch zu sagen habe: Ich werde euch jetzt in euer voriges Leben zurückschicken. Faßt euch bei den Händen und schließt die Augen. Erst wenn ihr festen Boden unter den Füßen spürt, dürft ihr eure Augen wieder öffnen und die Hände voneinander lösen. Merkt euch das sehr gut, denn wenn ihr diese Anweisung nicht genau befolgt, kommt ihr nicht auf die Erde zurück, sondern abermals hierher in die Unterwelt!«

Mann und Frau faßten sich also gehorsam bei den Händen, sie schlossen ihre Augen fest zu, und Enma, der König und Richter in der Unterwelt, schickte sie auf die Reise in ihre Heimat. Nach einer gewissen Weile fühlten die beiden Boden unter den Füßen, und der Mann sagte: »Ich meine, wir sind angelangt. Wie denkst du?« – »Ich glaube das auch.« – »Gut, dann machen wir unsere Augen auf!« Das Ehepaar öffnete die Augen, und dann fielen sich Mann und Frau vor Freude und Überraschung jubelnd in die Arme: Sie standen unter dem Vordach ihres eigenen Hauses! Und sie lebten fortan in Frieden und Freude.

Anmerkung:

Die Aufgabe, die Anzahl von Bambusstämmen auf einem Hügel zu raten, kommt in Märchen von Okinawa öfter vor. Die dritte Frage, die nach dem Menschen, ist auch in Europa bekannt.

Fürst Yuriwaka

Vor vielen Jahren lebte einmal ein edler Herr, Fürst Yuriwaka. Er gebot über Land und Leute, und daheim in seiner Burg hatte er eine wunderschöne Gemahlin. Alles, was Yuriwaka ausführte, war gewaltig, seine Körperkraft übertraf die von gewöhnlichen Männern um vieles, und auch sein Schlaf war ungeheuer. Er schlief sieben Tage, aber für ihn war es wie ein Tag und eine Nacht. Seinem Volk war er ein gerechter und gütiger Herr, und seine Untertanen verehrten ihn. Aber auch der beste Herrscher hat Feinde, und auf Yuriwaka wartete eine schlimme Zeit. Der Oberst, der seine Dienstmänner anführte, sann auf Verrat. Er wollte seinen Herrn loswerden und sich selber an dessen Stelle setzen.

Er bereitete ein kleines Boot vor, und als der Fürst wieder einmal in seinem tiefen Schlaf lag, hob er ihn in das Schifflein und stieß es hinaus aufs Meer. Einsam trieb es auf den Wellen, das Land versank am Horizont, und als Yuriwaka endlich erwachte, merkte er, daß man ihn betrogen hatte: Er war ausgesetzt worden. Nach langem Treiben strandete das Boot auf der unbewohnten Insel Minna-jima. Der verratene Mann war zuerst sehr niedergeschlagen, er faßte sich aber schnell und beschloß, mit ganzer Kraft ums Überleben zu kämpfen. Glücklicherweise hatte er ein Hilfsmittel bei sich, sein Schwert von sechs *shaku* Länge. Mit dieser Waffe jagte er Meerestiere, verzehrte sie und entging auf diese Weise dem Hungertod. Im Laufe der Zeit nützte sich die Waffe aber so ab, daß sie nur noch drei *shaku* maß.

In der Heimat spielte nun der falsche Oberst den Herrn. Er wollte mit aller Macht an den Platz des Fürsten treten, und auch auf dessen Gemahlin hatte der Bube es abgesehen. Er versuchte, sich der Dame zu nähern, die aber wollte ihren Gatten nicht verraten. Sie hatte die Hoffnung, ihn wiederzusehen, nie aufgegeben und betete jeden Tag um seine Rückkehr. Um den lästigen Verehrer loszuwerden, tötete sie ein Huhn, ließ es einige Tage liegen, bis es roch, dann steckte sie das stinkende Aas in ihre Ärmel. Sie ließ bekanntgeben: „Ich bin krank und verfaule bei lebendigem Leibe. Keiner soll in meine Nähe kommen!" Das wurde dem Oberst zugetragen und auch, daß um die Fürstin immer ein Pesthauch sei. Daraufhin ließ er von seinem Werben ab.

Yuriwakas Gattin hielt sich in ihren Gemächern eine Taube als Gespielin. Und eines Tages schickte sie diese Taube auf die Suche nach ihrem Mann. Der schnelle Vogel erreichte tatsächlich Minna-jima und ließ sich neben dem Ausgesetzten auf einem Felsen nieder. Der Fürst erkannte den Liebling seiner Frau, er schnitt sich in den Finger und schrieb mit seinem Blut auf ein Laubblatt: »Ich lebe noch und hause auf einer menschenleeren Insel.« Er band diese Botschaft der Taube ans Beinchen und sagte: »Flieg, lieber Bote, und richte meiner Frau aus, daß ich noch unter den Lebenden bin!« Der Vogel stieg in die Luft und eilte heim zu seiner Herrin. Die Freude der Fürstin war unbeschreiblich, ihr Gatte war nicht tot! Wieder schickte sie die Taube auf die Reise zu dem Verschollenen, und diesmal gab sie dem Vogel einige Lebensmittel für ihren Mann mit. Die Taube machte sich auf, aber unterwegs geriet sie in einen Regensturm. Die tobenden Elemente ergriffen den kleinen Boten und brachten ihn um. Als sich das Wetter wieder beruhigt hatte, fand Yuriwaka das zerschundene Körperchen am Strand, und große Trauer erfaßte ihn. Er suchte ein Kästchen, legte die tote Taube hinein und begrub sie an einem Platz, den er Tomi-zuka nannte, und errichtete einen Gedenkstein.

Die Verbindung zwischen den Ehegatten war wieder abgebrochen. Yuriwaka zweifelte allmählich daran, daß er jemals wieder die Heimat und seine Lieben sehen würde. Aber das Schicksal hatte es anders bestimmt: Eines Tages segelte ein großes Schiff in der Nähe von Minna-jima vorüber. Der verwilderte Mann hatte es kaum erspäht, als er auch schon mit Riesenschritten einen Felsen, der jetzt Tounbara genannt wird, hochstürmte und bis zum Äußersten seiner Lungenkraft um Hilfe schrie. Er hatte großes Glück, die Seeleute sahen seine winkende Gestalt auf dem hohen Stein und schickten ein Boot zu ihm herüber. Man brachte ihn zum Schiff, und mit diesem Fahrzeug kehrte er endlich in seine Heimat zurück.

Yuriwaka war daheim angelangt, aber kein Mensch wußte, wer er war. Er hatte sich in all den Jahren bis zur Unkenntlichkeit verändert: Haupt- und Barthaar wallten verfilzt, und sein Gesicht war blutrünstig rot verbrannt. Niemand erkannte in ihm den Herrn, selbst seine Gemahlin nicht. Er ging in seine Wohnung, die Gattin sah ihn an und sprach: »Ich weiß nicht, wer Ihr seid, kommt mir nicht nahe!« Damit wollte sie ihn hinausweisen. Yuriwaka schob sie beiseite und erzwang sich den Eintritt in sein altes Heim. Er befahl einem Dienstmann mit starker Stimme: »Bring mir mein Rauchzeug!« Vier Männer waren nötig, um das Rauchservice des Fürsten herbeizuschleppen. Er rauchte eine Pfeife, die erste nach vielen Jahren, dann fragte er nach seiner Rüstung. Fünf oder sechs Dienstmänner quälten sich mit dem schweren Eisenkleid ab, Yuriwaka jedoch legte es mühelos an, und als er ausschritt, fiel der Rost rasselnd auf den Boden. Die Gemahlin sah es und erschrak, sie wußte, daß nur ein einziger Mann in diesem Rüstzeug frei schreiten konnte. Dann überkam sie hohe Freude: »Das ist Fürst Yuriwaka, mein lieber Gemahl ist zurückgekehrt.« Und sie umarmte ihn.

»Bringt mir meinen Bogen!« Auch diesmal mühten sich fünf oder sechs Männer mit der gewaltigen Waffe ab. Yuriwaka spannte sie, der große Bogen knarrte, und nun hatten endlich alle begriffen, daß der Hausherr selber vor ihnen stand.

Die Fürstin erzählte von dem Verrat, den der Oberst der Dienstmänner verübt hatte, und der Heimgekehrte beschloß Vergeltung. Er erschlug den falschen Vasall und alle, die gemeinsame Sache mit ihm gemacht hatten. Als sein Zorn verraucht war, ging Yuriwaka in die Badestube, dann ließ er sich Bart und Haupthaar richten. Endlich wieder war er wieder zu dem stattlichen Kriegsherr von früher geworden, so erzählt man.

Anmerkung:

Ein *shaku* ist ein Längenmaß von 30 Zentimetern.

Diese Erzählung erinnert sehr an die bekannte Geschichte von Odysseus bei Homer. Sie muß vergleichsweise spät nach Japan und Okinawa gelangt sein. Die bekannteste Variante wurde im Norden von Kyūshū aufgezeichnet.

Yugatai von der Schneeprinzessin

Vor vielen Jahren lebten einmal im Lande China ein König und seine Königin. Sie waren schon lange verheiratet, aber der Himmel hatte ihnen immer noch kein Kindlein geschenkt. Beide grämten sich sehr, und sie seufzten oft: »Ach, wenn wir doch ein Kind hätten!«

Eines Abends saß die Königin in ihrem Zimmer und stickte. Draußen vor dem Fenster begann es zu regnen, und als die Stunden verstrichen, ging der Regen allmählich in Schnee über. Bald lag eine dichte, weiße Decke über der Welt, der Mond kam hinter den Wolken hervor und badete alles in silbernem Licht. Die Königin schaute gedankenverloren hinaus, sie war ein wenig unachtsam und stach sich mit der Nadel heftig in den Finger. Ein dicker Blutstropfen quoll hervor und fiel hinunter in den Schnee. Es war wunderhübsch anzusehen: schneeweiß und blutrot.

Die Königin mußte ein wenig weinen, und mit nassen Augen sagte sie: »Ist das schön! Gerade so ein schönes Kindchen wünsche ich mir!« Den ganzen Abend war sie in sanfter Stimmung, und sie dachte immer wieder: »Ich hätte so gerne ein Kind!« Und ein Wunder geschah, in dieser Nacht wurde die Königin schwanger.

König und Königin freuten sich sehr, und die Dame beschloß in ihrem Herzen: »Wenn es ein Mädchen wird, soll es Yukihime, also Schneeprinzeß, heißen.

Die Zeit rückte voran, und die Königin schenkte einem allerliebsten kleinen Mädchen das Leben. Die Prinzessin war schön wie ein Edelstein, und es war kein einziger Fehler an ihr zu finden. Vater und Mutter und Schneeprinzeß lebten in Freude und Eintracht, und nichts trübte ihre Tage.

Als die Prinzessin dreizehn Jahre alt geworden war, legte sich die Königin nieder und starb. Der König war anfangs sehr traurig, nach einer gewissen Zeit jedoch nahm er sich eine neue Frau. Die war sehr schön und eitel, sie besaß einen besonderen Spiegel, in den schaute sie oft, und sagte: »Ach, was bin ich doch schön, ich bin die Allerschönste auf der Welt!« Der Spiegel aber antwortete jedesmal: »Du bist schön, jedoch nicht die Allerschönste, Schneeprinzeß ist noch schöner als du!«

Die neue Königin ärgerte sich sehr, sie hörte gar nicht gerne, was ihr der Spiegel sagte, und sie beschloß, die Stieftochter aus dem Weg zu räumen: »Dann bin wieder ich die Allerschönste!«

Eines Tages ging sie mit Schneeprinzeß zum Brunnen im Garten des Palastes, und dort ließ sie mit Absicht ihren Haarschmuck in die Tiefe fallen. Dann sagte sie zu dem Mädchen: »Steig da hinunter und hole mir meine Haarnadel herauf. Das wirst du doch für mich tun können!«

Die Stieftochter ahnte nichts Gutes, sie wollte nicht in den Brunnen klettern, aber sie mußte aber den Worten der Mutter gehorchen. Sie ließ sich also in den Schlund hinab, und als sie sich eine Weile vorsichtig nach unten getastet hatte, stieß sie auf einen Quergang. Und geschwind kroch sie in diese Abzweigung hinein und ruhte sich ein wenig aus. Gerade noch rechtzeitig hatte sie diesen Seitengang entdeckt, denn im selben Augenblick warf die Stiefmutter von oben einen riesigen Stein in den Brunnen herab. Der hatte sie umbringen sollen!

Die Frau ging nach dieser bösen Tat geschwind in ihre Kammer, holte den wunderbaren Spiegel hervor, betrachtete sich und sagte: »Nun bin ich wieder die Allerschönste!«

»Überhaupt nicht!« entgegnete der Spiegel, und er hatte noch nicht einmal ausgeredet, als Schneeprinzeß schon in das Schloß zurückkam. Sie war aus dem Brunnen herausgeklettert und heimgelaufen.

Die Stiefmutter knirschte vor Wut mit den Zähnen: »Warte nur, ich kriege dich schon noch!« Ein paar Wochen lang zeigte sie dem Mädchen ein freundliches Gesicht, und eines Tages lud sie es ein, mit ihr zusammen im Wald spazierenzugehen. Schneeprinzeßchen aber mißtraute der Frau, es füllte sich die Taschen in seinem Kleid mit kleinen, blanken Kieselsteinen, und die warf es dann, einen nach dem anderen, auf den Weg, ohne daß es die Stiefmutter bemerkte. Die beiden erreichten eine einsame Stelle im Wald, bis hierher war das Mädchen noch nie gekommen, und da sagte die Königin: »Ich habe etwas vergessen, warte hier auf mich, ich komme gleich wieder!« Sie verschwand zwischen den Bäumen und ließ die Tochter allein zurück. Schneeprinzeß wartete geduldig, der Tag neigte sich allmählich, und weil die Stiefmutter nicht zurückkehren wollte, ging sie im letzten Licht der Sonne den kleinen Steinen nach, die sie ausgestreut hatte. So konnte sie wohlbehalten in das Schloß ihres Vaters zurückkehren.

Die Stiefmutter befragte gerade eben ihren Spiegel, und der sagte ihr, daß Schneeprinzeß immer noch die Allerschönste sei. Da beschloß die böse Frau, diesmal ganz gewißlich die Stieftochter umzubringen. Sie rief einen ihrer Dienstmänner und befahl: »Bringe Schneeprinzeß auf eine kleine, unbewohnte Insel und setze sie dort aus. Dann kehrst du ohne Zögern ins Schloß zurück. Und berichte niemandem davon, hast du verstanden?«

Der Mann mußte gehorchen, denn es war seine Königin, die ihm diesen Auftrag gab, und er führte die Prinzessin auf eine wilde, steinige Klippe. Die Anmut und Sanftheit des

Mädchens rührten ihn, es tat ihm im Herzen weh, daß das schöne Menschenkind auf dem wilden Steinhaufen verderben sollte. Er fiel auf seine Knie und bat Schneeprinzeß um Vergebung, dann ruderte er weinend sein Schifflein an Land zurück und erstattete seiner bösen Herrin Bericht.

Der König war die ganze Zeit abwesend gewesen, und er reiste zu diesem Zeitpunkt mit seinem Schiff gerade von Naha auf Okinawa in die Heimat zurück. Er fuhr an der wilden Klippe vorbei und konnte nicht ahnen, daß dort sein Kind einsam saß. Er kam heim in seinen Palast, es wurde Abend, Schneeprinzeß jedoch ließ sich nirgends sehen. Er fragte die Königin: »Wo ist meine Tochter, warum kommt Schneeprinzeßchen nicht nach Hause und begrüßt ihren Vater?«

Die Frau antwortete unbekümmert: »Was weiß denn ich, sie wird beim Spielen die Zeit vergessen haben!«

Die Prinzessin kam jedoch weder an diesem Abend noch an den folgenden Tagen in das Schloß zurück. Sie saß verlassen auf der winzigen Insel, die Sonne sank ins Meer, und ein kalter Wind fuhr über das Wasser hinweg. Das Mädchen weinte zuerst vor Angst, dann wurde es matt, und es gab alle Hoffnung auf. Und als es am traurigsten war, kam von irgendwoher ein riesiger Vogel geflogen, der trug Nahrung im Schnabel für die Prinzessin, und als sie sich gesättigt hatte, hüllte er sie in seine Schwingen, und in dieser Obhut schlief sie warm und sicher, beinahe wie in ihrem eigenen Bettlein. Der große Vogel zeigte sich jeden Abend, er speiste Schneeprinzeß und wärmte sie, viele Wochen und Monate lang. Ihr Vater, der König, fuhr manches Mal auf seiner Fahrt nach Naha mit seinem Schiff an der Klippe vorbei, und immer rief ihm der Vogel zu: »Oh du Dummkopf!« Der König jedoch beachtete diese Worte nicht, und er wurde nicht gewahr, wie nahe er seinem Kinde war.

Der Dienstmann, der einst das Mädchen ausgesetzt hatte, bekam ob seiner Tat ein schlechtes Gewissen. Eines Tages vertraute er sich dem Herrscher an und berichtete, was er auf Befehl der Königin getan hatte. Der Vater ließ sogleich sein Schiff rüsten, er fuhr hin zu der einsamen Klippe, und es war wie ein Wunder, Schneeprinzeß lebte und war schöner als je zuvor. Die beiden fielen sich in die Arme und weinten vor Glück, dann reisten sie auf ihre Heimatinsel zurück. Die Prinzessin erzählte dem Vater ganz genau, was ihr die Stiefmutter alles angetan hatte, und der erzürnte König wies die böse Frau aus dem Palast: »Geh mir aus den Augen, mit dir will ich nichts mehr zu tun haben!«

Vater und Tochter lebten fortan in Freude und Eintracht, und jeder ihrer Tage war ihnen ein Geschenk vom Himmel. So wird berichtet.

Anmerkung:

Man nennt Märchen oder Sagen auf den Miyako-Inseln *yugatai*. Bis auf den heutigen Tag wird besonders auf den Inseln Tarama und Ikema diese Bezeichnung noch verwendet. Wahrscheinlich hat der Begriff *yugatai* seinen Ursprung in *yogatari,* was »Erzählung am Abend« oder auch »Gerede über Ereignisse in der Welt« bedeuten kann.

Die Erzählung von einem Stiefkind, das einen Brunnen graben muß, ist weit verbreitet, auch das darin vorkommende Motiv des rettenden Quergangs.

Das *yugatai* von der Schneeprinzeß ist sicher neueren Datums und beinhaltet Anlehnungen an Schneewittchen, das Stiefkind, das einen Brunnen graben muß, und Hänsel und Gretel. Die Erzählung beginnt in China und endet auf den Miyako-Inseln, die keinen Schnee kennen. »China« steht in diesem Märchen stellvertretend für »Ausland« und meint irgendein weitentferntes fremdes Land.

DIE STERNENFRAU

Vor vielen, vielen Jahren soll es gewesen sein. Damals schauten die sieben Sternenjungfrauen des Großen Bären jeden Abend auf die Erde hinunter und freuten sich an der Welt der Menschen. Sie sahen alles, was vor sich ging, und besonders fiel ihnen ein junger, fleißiger Mann auf. Der war sehr arm, und er mußte sich, um seinen Lebensunterhalt zu verdienen, in einem reichen Haus verdingen. Er lebte zusammen mit seiner alten, blinden Mutter in einer Hütte. Abends, wenn er von seinem Tagwerk zurückgekehrt war, reinigte er das ärmliche Heim, wusch die Wäsche und gab der Mutter zu essen. Alle Speise, die er bei seinem Dienstherrn erhielt, verzehrte er nur halb, die andere Hälfte wickelte er in Blätter und brachte sie der Mutter mit. So ein guter Sohn war er! Weil er jedoch gar zu arm war, wollte sich kein Mädchen finden, das als seine Braut zu ihm kam.

Die sieben Sternenjungfrauen sahen das, die älteste Schwester wurde von der Fürsorge des Mannes so gerührt, daß sie beschloß: »Wie schade, daß ein so guter Mensch keine Frau finden kann, ich will gehen und seine Braut werden.«

Eines Abends, als der Jüngling auf dem Heimweg war, stieg die älteste Sternenjungfrau auf die Erde hinunter und wartete an der Straße, die er kommen mußte. Er sah das wunderschöne, lichte Wesen, er erschrak und glaubte, eine Gottheit vor sich zu erblicken. Noch nie hatte er ein so schönes Mädchen gesehen. Es war ihm unheimlich, er versuchte, ihm auszuweichen und auf einem anderen Weg nach Hause zu gehen. Er wagte sich nicht in seine Nähe. Aber wohin er auch ging, das schöne Mädchen stand an seinem Weg und lächelte ihn an. Da nahm er all seinen Mut zusammen und wollte endlich an ihm vorbeischreiten.

Da faßte ihn die fremde Jungfrau leise am Gewand und sagte freundlich: »Höre mich doch an und habe keine Angst. Ich will deine Frau werden, deswegen bin ich gekommen!«

Der Jüngling wehrte erschrocken ab: »Ich bin bettelarm, und meine armselige Hütte ist kein Platz für eine Dame wie dich. Aus uns beiden kann kein Paar werden, wir passen nicht zueinander!«

Er ging schnellen Schrittes weiter. Die Fremde jedoch eilte ihm nach und sprach immer wieder: »Nimm mich als deine Braut mit!« Sie bat so oft und so ernstlich, daß der junge Mann nachgeben mußte, und er führte das schöne Mädchen zu sich in seine Hütte. Und schon bald wurde aus den beiden ein Paar.

Die Zeit verging, und nach zwei oder drei Jahren wurde ihnen ein kleiner Sohn geboren. Die junge Familie lebte zufrieden, und nichts trübte ihre Tage.

Das Glück sollte jedoch nicht lange anhalten. Die Sterndeuter, die immer das Himmelszelt beobachteten, hatten bemerkt, daß der vornehmste Stern im Großen Bären verschwunden war, und sie sagten es dem König an: »Die älteste Schwester der sieben Sternenjungfrauen im Großen Bären ist nirgends zu sehen, und unseren Nachforschungen zufolge muß sie sich irgendwo auf der Erde aufhalten.«

Der König befahl sogleich: »Sucht sie und bringt sie vor mich!«

Die Sterndeuter schwärmten in alle Himmelsrichtungen aus und suchten nach dieser Frau. Und da sie tatsächlich gelehrt waren, entdeckten sie bald, daß die Hausfrau des armen jungen Mannes die Gesuchte sein mußte. Sie beschlossen, sie in den nächsten Tagen zu fangen und vor den König zu führen.

Die Sternenfrau wurde auf die Gefahr, die ihr drohte, aufmerksam, und sie wußte, daß ihre Zeit auf der Erde ihrem Ende zuging. Traurig holte sie am Abend ihr Federkleid, das sie vor ihrem Gatten in einer Truhe versteckt hatte, hervor und legte es an. Sie nahm ein Licht, betrachtete in seinem Schein noch einmal ihr schlafendes Kindchen, dann flog sie in den Nachthimmel hinauf. Sie war bereits bis an die offene Himmelspforte gelangt, als der Gedanke an ihr Kind sie überwältigte und sie auf die Erde zurückkehren mußte. Sie brachte es nicht über sich, ihren kleinen Jungen zu verlassen. Liebevoll nahm sie das Kind in ihre Arme und stieg nun endgültig an den Himmel hinauf zu ihren Schwestern.

Sie sprach: »Liebe Schwestern, ich bin zu euch zurückgekommen. Ich war verheiratet und habe auch ein Kind geboren. Mein Leib ist nicht mehr fleckenlos wie vormals, und ich habe das Recht verloren, euch als älteste Schwester anzuführen.«

Und sie tauschte ihren Platz mit der zweitältesten Schwester. Die zweite Schwester trat an die Stelle der Erstgeborenen.

Schaut euch gut den zweiten Stern im Großen Bären an! Das ist die älteste Schwester, die eine Zeitlang auf der Erde gelebt hat, und neben ihr funkelt ein ganz winziges Sternlein, das ist ihr kleiner Sohn. So wird erzählt.

WIE DER MENSCH ZU SEINER
JETZIGEN GESTALT GEKOMMEN IST

Vor unendlich langer Zeit lebte in den wilden Bergwäldern ein weibliches Geschöpf. Es ähnelte in vielem dem heutigen Menschen, aber ein richtiger Mensch war es doch noch nicht. In den gleichen Wäldern hauste auch ein großer Hund. Er war ein männliches Tier, und eines Tages traf er bei seinen Jagdzügen auf das Bergweib. Beide hatten keinen passenden Gefährten, und sie fühlten sich sehr einsam. Sie freuten sich sehr, als sie einander sahen, und durch Zeichensprache gaben sie sich zu verstehen, daß sie von nun an miteinander leben wollten. Sie beschlossen, ein Ehepaar zu werden. Sie konnten ihre jeweilige Sprache nicht verstehen, das wilde Weib vermochte, einige Worte zu lallen, der Hund jedoch bellte, wie seine Nachkommen es auch heute noch tun. Die Freude, endlich einen Gefährten gefunden zu haben, überwand jedoch alle Schwierigkeiten, die beiden suchten sich eine bequeme Höhle, und dort führten sie ihren gemeinsamen Haushalt. Sie vertrugen sich sehr gut.

Nach einer gewissen Zeit wurde ihnen ein kleiner Sohn geboren, der sah aus wie ein Mensch, er hatte jedoch, und hier unterschied er sich noch vom heutigen Erdenbürger, einen langen Schwanz. Die Eltern waren glücklich mit ihrem Kind und ließen ihm alle Liebe und Sorgfalt angedeihen. Der Junge wurde groß, und er vermochte zu sprechen, besser als seine Mutter. Er war ein wohlgebauter junger Mann, nur der Schwanz störte. Die Eltern machten sich viele Gedanken, wie man wohl die zukünftigen Nachkommen von der unnötigen Leibeszierde befreien könne, und sie meinten: »Unser Sohn braucht den richtigen Heiratspartner, dann werden sicherlich tadellose Menschen geboren werden!« Sie forschten nach einer Braut für den Jüngling, und bei der Suche im Bergwald trafen sie auf ein Lebewesen, das war halb Affe und halb Mensch. Und weil es ein junges Weibchen war, verheirateten sie es mit ihrem Sohn.

Bald erblickten vier Kinderlein das Licht der Welt, zwei Mädchen und zwei Jungen. Als sie größer wurden, merkte man, daß zwei davon die Fähigkeit zum Sprechen von ihrem Vater geerbt hatten, die beiden anderen jedoch Tierlaute von sich gaben. Und Schwänze hatten alle Geschwister! Als sie erwachsen geworden waren, machte man aus dem Bruder und der Schwester, die sprechen konnten, ein Ehepaar. Und ihre Kinderlein waren nun vom jetzigen Menschen kaum mehr zu unterscheiden, sie konnten reden wie wir heute, und nur ein einziger Makel trübte die Freude: Auch diese Kinder hatten immer noch ein Schwänzlein!

Auch der Bruder und die Schwester, die wie Tiere schrien, wurden verheiratet, sie zogen hinaus in den Wald und lebten in der Wildnis. Sie wurden zu Wildaffen. Ihre Kinder konnten nicht sprechen, und sie besaßen schöne, lange Schwänze. Es waren richtige kleine Wildaffen!

Die beiden Sippen lebten nebeneinander her, die menschenähnlichen mehr auf dem offenen Land, die Wildaffen meist in den Bergen. Und die Familie, die den heutigen Menschen so sehr an Aussehen und Sprache ähnelte, grämte sich sehr: Sie wollte um jeden Preis den störenden Schwanz loswerden! Lange grübelten alle Mitglieder, sie machten Pläne und verwarfen sie wieder, bis endlich ein ganz schlauer Kerl eine Idee hatte: Man muß, das ist doch nicht schwierig, einem Mann und einer Frau die Schwänze einfach abschneiden. Wenn die beiden dann heiraten und Kinder kriegen, werden die sicherlich schwanzlos auf die Welt kommen!

Gesagt, getan, und welche Freude, als diesem Paar Kinder geboren wurden, hatten diese keine Schwänze mehr. Sie waren endlich zu richtigen Menschen geworden!

So sollen, wird berichtet, unsere Vorfahren allmählich entstanden sein. Und schaut nur nach, man kann heute noch sehen, daß wir einmal Schwänze gehabt haben: Am Hinterteil, etwas weiter oben, ist eine kleine Vertiefung zu bemerken, dort sollen vormals unsere Schwänze gesessen haben.

DER HABGIERIGE ALTE
UND SEIN FÄCHER

Vor vielen Jahren lebte einmal in China ein sehr berühmter Handleser. Seine Vorhersagen trafen ohne Fehl ein, die Menschen strömten ihm zu, und sein Haus war immer von Kunden überfüllt. Sogar vor der Haustür standen sie noch Schlange.

Ein Geldverleiher hörte davon, und er beschloß, den weisen Mann einmal aufzusuchen. Zu gern wollte er ihn einer Lüge überführen und dann vor allen Leuten lächerlich machen: »Ein Wahrsager, was wird so ein Kerl schon wissen? Heute habe ich ein wenig Zeit, ich werde hingehen und mir den Burschen ansehen.«

Der Geldverleiher war kein guter Mensch. Er lieh wohl den Bedürftigen Geld, wenn die Schuldner aber am fälligen Termin nicht zahlen konnten, kannte er keine Nachsicht. Er ging hin zu ihnen und riß ihnen auch noch die letzte Decke unter dem Leib weg. Er war als habgierig und bösartig verschrien. Wer sich aus Not in seine Klauen begab, mußte es bitter bereuen.

Dieser schlechte Alte machte sich also auf, um den Handleser aufzusuchen. Er legte seine Ausgehkleidung an und steckte auch einen sehr schönen Fächer ein. Beim Chiromanten legte er den Fächer auf den Tisch und sagte: »Ich möchte gerne wissen, wie lange dieser Fächer noch zu leben hat!« Der Angeredete holte ein riesiges Vergrößerungsglas hervor und betrachtete den gewiesenen Gegenstand sehr genau. Dann richtete er sein Instrument auf das Gesicht des Besuchers und fuhr zurück: Solch eine bösartige Visage hatte er schon lange nicht mehr erblickt! Langsam sprach er: »Ja, der

Fächer da, sein Leben wird im kommenden Jahr am ersten Tag des zweiten Monats zu Ende sein.« – »Was du nicht sagst. Und nun weissage mir selber, wie alt ich werden soll!« Der Besucher schaute den Handleser hinterlistig an. Dieser ließ sich die Hände des Kunden zeigen, er murmelte etwas vor sich hin, dann antwortete er klar und deutlich: »Mein Lieber, mit dir ist am dritten Tag des dritten Monats im nächsten Jahr Schluß!« – »Na, du mußt es ja wissen!« Der Geldverleiher dachte bei sich: »Warte nur, Kerl, wenn im nächsten Jahr am ersten Tag des zweiten Monats mit meinem Fächer alles in Ordnung ist, und was soll ihm denn fehlen, oh, dann werde ich dich aber zum Gespött machen. Die ganze Stadt soll erfahren, daß du ein Scharlatan bist!« Er verabschiedete sich mit dürren Worten und begab sich nach Hause.

Nun galt es, den Fächer sorgfältig vor Schaden zu bewahren. Der Wucherer wickelte ihn also in ein Tuch ein und verschloß ihn in einer Truhe in seiner Stube. Jeden Mittag, wenn er zum Essen heimkam, schaute er ohne Umwege zuerst nach dem Fächer und freute sich, daß er sicher in seinem Kasten lag. Auch am Abend, wenn er mit der Arbeit für den Tag abgeschlossen hatte, war er erst, wenn er sich überzeugt hatte, daß dem Fächer nichts fehlte, ganz beruhigt und konnte zu Bett gehen. So trieb er es täglich, und endlich war der schicksalsträchtige Tag, der erste Tag des zweiten Monats, angebrochen. Der Alte verließ morgens früh in Geschäften das Haus, kam aber bereits nach zwei Stunden wieder zurück. Er mußte wissen, wie es um den Fächer stand. Er lugte in die Truhe, der Fächer war da, und er ging wieder aus. Diesmal kehrte der Geldverleiher schon nach 30 Minuten wieder heim, öffnete das Spind, überzeugte sich, daß der Fächer wie immer auf seinem Platz lag, atmete auf und ging aus dem Haus.

Der Frau des Geizhalses fiel das seltsame Treiben auf: »Heute ist mein Alter wirklich sonderbar, ganz anders als gewohnt. Was er wohl hat?« Sie mußte unbedingt wissen, was ihn so unruhig machte, und deshalb beobachtete sie ihn durch eine Türritze: Sie sah, wie er ein kleines Bündel aus der Truhe nahm, es auseinanderschlug und den Inhalt sehr genau betrachtete. Dann wickelte er es wieder zusammen, legte es in den Kasten zurück und rannte abermals aus dem Haus. »Mein Alter hat etwas zu verbergen, ich will wissen, was das ist!« Die Frau öffnete die Truhe, holte das Päckchen hervor und packte es aus: Es war ein Fächer mit dem Bildnis eines wunderschönen Mädchens!

Empört keifte sie auf: »Das ist ja die Höhe! Da hat sich der alte Narr in ein junges Weibchen verliebt und ist so toll geworden, daß er nicht einmal mehr richtig arbeiten kann. Er muß immer nur dieses Bild anglotzen. Diesen Spaß werde ich ihm verderben!« Außer sich vor Wut zerbrach die Alte den Fächer und warf ihn ins Küchenfeuer.

Der Geldverleiher mußte stets an seinen Fächer denken, er konnte keiner Arbeit in Ruhe nachgehen, deshalb rannte er wieder nach Hause, um nach dem Ding in der Truhe zu sehen. »Er ist weg, er ist weg!« heulte er entsetzt auf. Seine Frau eilte auf das Geschrei hin herbei und fragte: »Was hast du denn, Alter, warum plärrst du so schrecklich?« – »Der Fächer hier ist verschwunden!« – »Ach, dein Fächer fehlt? Du alter Sünder du, immer hast du nur das Bild von dem jungen Mädchen betrachtet, arbeiten wolltest du überhaupt nicht mehr, was soll das alles bedeuten?« – »Ach Gott, Frau, mit dem Mädchen auf dem Bild habe ich doch nichts zu schaffen, der Fächer selber ist es, der unersetzlich wichtig ist. Ein berühmter Handleser hat mir gesagt, daß dieser Fächer am ersten Tag des zweiten Monats sein Ende finden würde. Und nun ist er tatsächlich verschwunden.« – »So ein lumpiger Fächer, deswegen brauchst du doch keinen solchen Aufruhr zu veranstalten. Es wird schon wieder einen neuen geben.«

Der Geldverleiher weinte nun haltlos: »Was du redest, du Unverstand! Der weise Mann hat mich bei meinem Besuch wissen lassen, daß ich am dritten Tag des dritten Monats sterben werde. Nun ist seine Vorhersage für den Fächer ganz richtig eingetroffen. Er ist also kein Betrüger, was er sagt, ist die Wahrheit. Nun wird es mit mir am dritten Tag des dritten Monats zu Ende gehen.« Er schlug verzweifelt mit den Fäusten auf die Truhe. Die Frau wurde bleich wie ein Bettlaken und konnte kein Wort mehr herausbringen.

Nach einer Weile faßte sich der Mann ein wenig und meinte: »Ich werde sowieso bald sterben, zu was brauch ich all das Geld, das ich angehäuft habe? Die Leute hassen mich, weil ich sie immer so hart bedrängt habe. Ab heute will ich kein Geld mehr verdienen. Ich werde mich in meinen letzten Tagen, die ich auf der Welt noch habe, ändern!«

Und er wandelte sich wirklich, der habgierige Geldverleiher. Er ging zu den Leuten, die Geld von ihm geliehen hatten, und sagte: »Zahlt zurück, wann es euch paßt. Beeilen braucht ihr euch nicht, und Zinsen will ich auch keine haben!« Bei ganz armen Schluckern sprach er sogar: »Wenn ihr das Geld nicht zurückzahlen könnt, ist es auch recht, macht euch weiter keine Gedanken darum.« Die Leute schauten ihn verwundert und dankbar an.

Eines Tages wollte der Geldverleiher auf seinen Gängen einen Abort am Stadtrand benutzen. Er trat hinein in das Häuschen, und sogleich fiel ihm ein schweres Bündel auf, das am Boden lag. Er hob es auf, und als er es auf seinen Inhalt prüfte, entfuhr ihm ein Ausruf der Überraschung: Das Päckchen war voll mit Geld, er hatte eine bedeutende Summe in der Hand! »Das ist ein armer Kerl, der das verloren hat. Sicherlich kommt er bald hierher zurück, um danach zu suchen. Ich will auf ihn warten.«

Er setzte sich in den Schatten einer der großen Bäume neben dem Aborthäuschen. Er mußte gar nicht lange warten, als ein jüngerer Mann, er sah aus wie ein Geschäftsführer, angestürzt kam. Er hastete in das Häuschen hinein, und nach einer Weile kam er niedergeschlagen herausgeschlichen. Er riß ein Seil aus der Tasche, trat an einen Baum heran und versuchte, sich aufzuhängen. Erschrocken fiel ihm der Alte in den Arm: »Was machst du denn, warum willst du dich umbringen?« – »Lieber Herr, ich habe hier ein Bündel mit sehr viel Geld, das meinem Dienstherrn gehört, liegenlassen. Es ist verschwunden, jemand wird es an sich genommen haben. Ich kann mich in meinem Laden nie mehr sehen lassen. Es war eine große Summe, auch wenn ich mein ganzes Leben lang arbeite, kann ich sie niemals zurückgeben. Ich weiß nicht, was ich machen soll, einen Platz zum Hingehen habe ich auch nicht, kein Mensch kann mir helfen, ich bin an allem schuld, da ist es am besten, wenn ich meinem Leben ein Ende mache!« Der Mann stöhnte und bedeckte sein Gesicht mit beiden Händen.

»Mein Freund, ist es vielleicht dieses Bündel hier, das du suchst?« Der Alte wies ihm das Päckchen, das er im Aborthäuschen gefunden hatte. Der junge Mann schrie auf: Das verlorengeglaubte Geld war wieder da! Er bedankte sich wieder und wieder, dann ging er frohen und leichten Schrittes in Richtung seines Geschäftes zurück.

In China war es Sitte, seinen Sarg selber vorzubereiten, und zwar, solange man noch gesund und munter war. Auch der Geldverleiher richtete alles, und am Vorabend des dritten Tages des dritten Monats nahm er ein Bad und legte reine Kleider an. Er enthielt sich jeglicher Speise, am Abend legte er sich in den Sarg und wartete auf den Tod, der am nächsten Morgen kommen sollte. Der gefürchtete Tag dämmerte herauf, es wurde Mittag, dann Abend, es geschah jedoch überhaupt nichts. Der Alte fühlte sich gesund wie nie zuvor. Er wartete auch noch den ganzen vierten Tag, der schreckliche Besucher aber zeigte sich nicht.

Der Geldverleiher begab sich aufgebracht am nächsten Morgen ganz früh zu dem Handleser. Dieser sah ihn wohl, schien sich aber nicht an ihn zu erinnern. Er verfuhr mit ihm wie mit einem Gast, den er noch nie gesehen hatte. Der Alte sagte zornig: »Hast du mich schon vergessen, du falscher Seher? Du hast mir die Lebensdauer meines Fächers ausgelegt, und diese Vorhersage ist denn auch eingetroffen. Was du aber über mich selber zu sagen hattest, war Unsinn gewesen. Du hast mich angeführt!«

Der weise Mann betrachtete den aufgeregten Besucher lächelnd, dann sagte er: »Nur nicht so voreilig, mein Lieber. Als du das erste Mal zu mir gekommen warst, sahst du aus wie ein Dämon, heute hingegen strahlt dein Gesicht Freundlichkeit und Güte aus. Es muß in der Zwischenzeit etwas Bedeutendes mit dir geschehen sein. Sag, hast du womöglich den Menschen Gutes erwiesen?«

Der Alte wollte nicht recht mit der Sprache heraus, er schämte sich, dann antwortete er leise: »Den Menschen Gutes, na ja, vielleicht kann man es so nennen!« – »Das ist es doch, damit bist zu einem ganz anderen Menschen geworden, und auch dein Schicksal hat sich gewandelt. Geh getrost nach Hause, du hast noch lange zu leben, du wirst 120 Jahre alt werden.«

Und wie es der Handleser prophezeit hatte, der geläuterte Geldverleiher erreichte wirklich das gesegnete Alter von 120 Jahren, so wird berichtet.

Anmerkung:
Diese Erzählung war in ganz Okinawa nur ein einziges Mal zu finden. Bis 1998 gab es keinerlei Parallelen oder Varian-

ten. Der Erzähler bezeichnete die Geschichte als »*tōbanashi*«, also eine Geschichte aus China. Der Einfluß, den China bis in die neuere Zeit auf Okinawa hatte, zeigt sich deutlich (Endō).

EISENTOR
UND SEIN GLÜCKSANTEIL

In alten Zeiten war das Leben der Menschen in Yanbaru, dem nördlichen Teil der Insel Okinawa, besonders hart. Das gebirgige Land war fast ausschließlich von dichtem Wald bedeckt, und die wenigen Felder, die dazwischen lagen, hatten kargen Boden und gaben bei aller Plagerei nicht viel her. Die Menschen gingen in die Wälder und sammelten Brennholz. Dieses brachten sie auf kleinen Schiffen, den »Yanbaru-Booten«, in die südlichen Häfen der Insel, zum Beispiel nach Yonabaru, und von dort aus verkauften sie es an die Bewohner der Städte Naha oder Shuri. Mit diesem Gewinn und dem mageren Ertrag ihrer kleinen Äcker mußten sie zufrieden sein.

Nun lebte einmal in Yanbaru ein besonders mittelloses Ehepaar. Die Leutchen waren von morgens bis abends bei der Arbeit, aber alles Schinden wollte nicht helfen, ihre Not linderte sich nicht. Der Mann ging, sooft es ihm die Feldarbeit erlaubte, in den Wald und sammelte Brennholz. Das legte er dann sorgfältig gebündelt an einen bestimmten Platz, und ging, die Sterne beleuchteten ihm bereits den Weg, spät abends nach Hause. Er wollte das Holz am nächsten Morgen holen, um es zum Hafen zu schaffen. Als er jedoch früh am folgenden Tag erschien, lag nur noch ein einziges Brennholzbündel da, all die anderen schienen sich in Luft aufgelöst zu haben. Dies widerfuhr ihm nicht nur einmal, sondern öfter, er vermochte immer nur, ein einziges Bündel auf den Markt zu bringen, es zu verkaufen und Lebensmittel für eben diesen Tag zu erstehen.

Der Mann wollte wissen, wer sich an dem Holz vergriff und ihn um die Früchte seines Fleißes brachte, und eines Tages sagte er zu seiner Frau: »Es ist doch wirklich seltsam, daß unser gesammeltes Reisig immer so spurlos verschwindet. Jemand muß es stehlen, ich kann es mir nicht anders erklären. Ich will wissen, wer uns das antut. Und deshalb habe ich mir etwas ausgedacht: Ich werde mich in einem der Holzbündel verbergen und den Dieb erwarten. Höre Frau, richte das Reisig so um mich herum, daß man mich nicht sehen kann!«

Die beiden gingen zusammen in den Wald zu dem Ort, wo das gesammelte Brennholz lagerte, der Mann kroch in ein Bündel hinein, und dann legte und band die Frau so lange Zweige und Äste außen herum, bis niemand mehr auch nur ahnen konnte, daß ein Mensch sich im Inneren verbarg. Anschließend kehrte sie nach Hause zurück.

Der Mann wartete ruhig in seinem Versteck. Um ihn herum lag der Wald verlassen, ein paar Vöglein hüpften sorglos auf seinem Bündel hin und her, der Wind sang in den Bäumen, aber es wollte sich kein Dieb zeigen. Die Sache fing schon an, allmählich langweilig zu werden, und der Mann dachte ans Heimgehen, als auf einmal vom Himmel herab an einem langen, langen Seil ein Haken herunterkam. Er war wie ein Kesselhaken, so wie man ihn über einer Feuerstelle verwendet, nur größer und stärker. Dieser Haken verfing sich in einem der Brennholzbündel und zog es vor den Augen des erstaunten Mannes in den Himmel hinauf. Gleich darauf senkte er sich wieder herab und holte auf dieselbe Art ein Reisigbündel nach dem anderen, und endlich erfaßte es auch das, in dem der Mann saß.

Er merkte, daß es nach oben ging, wohin die Reise jedoch eigentlich hinführen sollte, wußte er nicht. Als sein Bündel abgestellt worden war, befreite er sich aus dem Reisig und schaute sich, halb ängstlich, halb zornig, um. Vorläufig wagte er es noch nicht, einen Laut von sich zu geben. Und wie er so stand und unsicher die Umgebung musterte, kam auf einmal ein Gott daher. Er mußte sich also nun im Himmel befinden! Der Gott erblickte den Menschen, der eigentlich nichts im Himmel zu suchen hatte, weil er ihn aber selber mit dem Brennholz zusammen nach oben gezogen hatte, fragte er ihn einigermaßen freundlich: »Was willst du denn hier bei mir im Himmel?« Da faßte sich der Mann und antwortete beherzt: »All das Reisig, das ich täglich einsammle, verschwindet jedesmal bis auf ein einziges Bündel spurlos. Ich wollte wissen, wer es mir stiehlt, und deshalb habe ich mich im Holz verborgen. Sag mir doch, Göttlicher, warum holst du denn immer mein Brennholz in den Himmel hinauf?«

Der Gott strich sich den Bart, er dachte ein Weilchen nach, dann sagte er: »Das hat mit deinem Glücksanteil auf der Welt zu tun. Allen Menschen wird, bevor sie geboren werden, bestimmt, wieviel Glück und Reichtum sie im Leben erhalten sollen. Für dich ist beschlossen, daß du immer nur soviel verdienen sollst, daß du gerade einen Tag davon leben kannst. Wenn du nun mehr Holz eingesammelt hast, steht dir das nicht zu, und deswegen habe ich diesen Überfluß in den Himmel hinaufgezogen. Komm mal hierher, dann kannst du sehen, wieviel Reichtum dir im Leben zugedacht ist!«

Der Gott winkte einladend mit der Hand und führte den Gast von der Erde vor ein hohes, breites Regal. Darauf standen in Reihen unzählig viele Gefäße nebeneinander, die alle mit Wasser angefüllt waren. Es gab Behälter in der Größe von Teetassen, solche, die wie Schalen oder Schüsseln waren, und es gab ganz winzige Becherlein, die gerade soviel Wasser wie ein Fingerhut zu fassen vermochten. Der Himmlische sprach: »Hier kannst du sehen, welcher

Glücksanteil den Menschen in der Welt zugemessen ist. Große Behältnisse zeigen Reichtum an, kleine jedoch Armut. Und nun schau, das hier ist dein Behälterchen!« Und er wies auf ein ganz kleines Tiegelchen. Dicht neben dem winzigen Ding stand eine große Wanne, die war so voll, daß sie beinahe überfließen wollte. Der Mann sagte zaghaft: »Da bin ich aber wirklich nicht mit Glück gesegnet. Und wem gehört denn der riesige Topf da?« – »Meinst du den hier, der übervoll ist? Sein Besitzer ist noch nicht geboren. Er wird einmal dem reichsten Menschen in deinem Land gehören. Ja, das ist der Behälter von einem Jungen, der sich Kanijō, also Eisentor, nennen wird.«

Der Mann betrachtete wehmütig die große Wanne, dann seufzte er: »Noch nicht einmal auf die Welt gekommen ist er, dieser Kanijō, aber schon wartet Glück und Reichtum auf ihn! Ach, Sachen gibt es!« Und weil er ein Mensch von wachem Verstand war, drehte er sich fragend zu dem Himmlischen um: »Kann ich mir nicht, bis der rechtmäßige Besitzer geboren ist, diesen seinen Glücksanteil ausleihen? Nur so lange, bis er auf die Welt gekommen ist, damit wäre mir schon sehr geholfen.«

Der Gott dachte nicht lange nach und antwortete: »Einverstanden, ich glaube, da gibt es keine Schwierigkeiten. Aber merk dir gut, sobald der Kanijō das Licht der Welt erblickt hat, mußt du seinen Glücksanteil sofort zurückgeben. Hast du das verstanden?« Der Mann versprach es, und nach dieser Abmachung wurde er zurück auf die Erde entlassen.

Und sogleich wendete sich das Schicksal des armen Ehepaares. Zuerst fand der Mann auf seinem steinigen Äckerchen eine große Menge Gold. Das war schon ein guter Anfang. Er kaufte mit diesem Schatz fruchtbare Felder, und da er sie mit Fleiß und Liebe bewirtschaftete, lag ein Segen auf seinem Besitz. Das gesäte Korn gedieh und brachte reiche Ernte. Es dauerte gar nicht lange, und er war der reichste Mann in ganz Yanbaru. Er baute sich ein schönes Haus, und am Eingang zu dem stattlichen Anwesen ließ er ein großes Eisentor errichten. Das Ehepaar stellte viele Dienstboten ein, um den reichen Besitz richtig bewirtschaften zu können, und es lebte behaglich und in Zufriedenheit.

Wieder einmal war der letzte Abend des Jahres gekommen, und man bereitete sich auf das Neujahrsfest vor. Da kam eine müde Frau in zerschlissenen Gewändern durch den Ort und bat in den Häusern um ein Nachtlager. Es war ein kalter Tag, der Wind peitschte durch die Bäume, und ab und zu fielen heftige, eisige Schauer, aber niemand wollte die Bettlerin für die Nacht aufnehmen. Sie trug ein Kind unter dem Herzen, und ihre schwere Stunde war nicht mehr fern. Mit mühsamen Schritten ging sie auf das Anwesen des reichen Mannes zu und bat mit Tränen in den Augen den Torwächter, sie unter dem Schutz des eisernen Tores übernachten zu lassen. Der Wachmann hatte nichts dagegen, und die arme Frau legte sich in eine geschützte Ecke des großen Portals. Die Anstrengung ihrer Wanderung mußte zuviel für ihren schwerfällig gewordenen Körper gewesen sein, mitten in der Nacht überraschten sie die Geburtswehen, und sie schenkte einem kleinen Knaben das Leben. Der Torwärter stand ihr bei, so gut er es vermochte, und gab dann seiner Herrschaft Nachricht von dem Vorfall.

Der Hausherr befahl sogleich, heißes Wasser für das erste Bad des Neugeborenen zu richten, er ließ Mutter und Kind ins Haus bringen und von den Mägden versorgen. Die Frau erholte sich schnell bei der guten Pflege, und am ersten Tag des neuen Jahres gab sie ihrem Kind seinen Namen. Der Hausherr wollte diesen Namen wissen, und deshalb schickte er den Torwächter zu ihr hin, um danach zu fragen zu lassen.

Der Torwächter rannte und fragte die Frau: »Wie hast du denn dein Kindlein benannt?« – »Ach Herr, mein Sohn ist unter einem eisernen Tor auf die Welt gekommen, und deshalb habe ich ihm den Namen Kanijō gegeben!«

Nach dieser Auskunft beriet sich der Hausherr mit seiner Gattin, dann begaben sich die beiden in den Raum, in dem die junge Mutter ruhte. Sanft wehrte der Mann die Dankesbezeugungen der Frau ab und sagte: »Höre, was ich dir vorzuschlagen habe. Wir selber sind zu userm größten Leidwesen nicht mit Kindern gesegnet worden. Wie gerne hätten wir doch immer ein Kind gehabt. Willst du uns nicht dein Söhnlein anvertrauen? Wir versprechen dir, es als unser eigenes, liebstes Kind zu betrachten und es mit aller Liebe und Sorgfalt großzuziehen. Auch du bist bei uns willkommen, du kannst, wenn es dir recht ist, immer bei uns bleiben, und du sollst ein Mitglied unserer Familie sein.« Die junge Frau brauchte sich nicht lange besinnen, und sie gab mit Freuden ihre Zustimmung.

So geschah es, daß das neugeborene Kind ein gutes Heim erhielt, und da der kleine Junge der Kanijō war, dem der allergrößte Glücksanteil auf dieser Welt zustand, wurde dieses Heim mehr und mehr mit Gütern gesegnet, und die Familie brachte es zu sehr großem Reichtum.

Anmerkung:
Man kann den Namen *Kanijō* auch *Tetsumon* lesen. Beides bedeutet Eisentor.

Diese Erzählung war auf der Hauptinsel Okinawa und einigen der umliegenden Inseln zu finden. Man nennt eine Geschichte dieser Art oft »tōbanashi«, also eine Erzählung, die von China (Tō) nach Okinawa gekommen ist. Die Quelle dieses Märchens soll ein chinesisches Buch aus dem vierten Jahrhundert sein.

In Okinawa sind Erzählungen, die sich mit dem Schicksal des Menschen, wie es von den Göttern bestimmt wird, befassen, recht häufig. Die Götter bestimmen zum Beispiel über die Lebensdauer, den zustehenden Reichtum, den zukünftigen Ehepartner usw. (Endō).

Mōi Uekata
und seine fromme Mutter

Die Mutter von Mōi Uekata war eine sehr gottes-
fürchtige Frau, und sie hatte das Bedürfnis, den
Himmlischen sooft wie möglich eine Gebetsfei-
er zu halten. Sie saß mit Hingabe vor dem Schreinaltar und
betete die frommen Worte. Mōi, ihr Sohn, sah das eine ganze Weile mit an, dann dachte er: »Man muß diese häufige
Beterei irgendwie abstellen, es ist einfach zu oft.«

Als die Mutter wieder einmal den Altar aufsuchte und
sich davor hinkniete, setzte sich Mōi dicht neben sie. Und
als sie im Gebet versunken war, begann der Junge auf einmal, sie am Ärmel zu ziehen. Die Frau unterbrach ihre Beterei kurz und fragte den Sohn mit abwesendem Gesicht:
»Was willst du denn?« Und ohne auf eine Antwort zu warten, fiel sie ins Gebet zurück. Nach kurzer Zeit zerrte Mōi
plötzlich wieder an ihrem Ärmel, sie schaute sich nach ihm
um und meinte vorwurfsvoll: »Mōi, warum störst du mich
denn immer? Warte gefälligst, bis ich fertig bin!« Damit
wandte sie sich wieder ihrem Gebet zu. Sie war eben gerade zur Mitte der langen Anrede an die Götter gekommen,
da zog sie der Sohn wiederum heftig am Ärmel. Die Mutter wurde nun endlich böse und schalt Mōi: »Warum störst
du mich denn so ungezogen? Höre sofort auf mit dem Un-
fug!« Da sagte der Sohn: »Mutter, ich meine, wenn du die
Götter jeden Tag, morgens und auch noch abends anrufst
und ihnen die Ohren voll betest, daß sie sich dann nicht sehr
freuen. Diese andauernde Singerei ist ihnen lästig, und sie
werden unzufrieden werden. Sie wollen, genauso wie du
eben, nicht ständig gestört werden. Ich kann mir vorstellen,

daß es genug ist, wenn man für die Himmlischen jeden Monat am 1. und 15. Tag eine Feier abhält!«

Ja, und deswegen hat man seither in Okinawa die Gewohnheit, am 1. und 15. Tag des Monats für die Götter einen Dienst zu feiern.

Mōi
und der Mandarinenbaum des Nachbarn

Ein Nachbar, der sein Anwesen dicht neben dem Elternhaus von Mōi hatte, besaß einen schönen Mandarinenbaum, und dessen Äste neigten sich über die Mauer bis in Mōis Garten hinein. Schon als kleines Kind freute sich der Junge auf die reifen Früchte, und wenn die Zweige, die in den eigenen Garten reichten, golden beladen waren, pflückte er die schönen Mandarinen nach Herzenslust und verspeiste sie mit großem Appetit.

Der Nachbar sah das nicht gern, und eines Tages fuhr er den Jungen an: »Warum nimmst du Mandarinen, die anderen Leuten gehören, und ißt sie einfach auf?« Mōi antwortete nach kurzem Nachdenken freundlich: »Die Äste hängen in unserem Garten, ich nehme an, daß die Früchte aus diesem Grunde uns gehören, und deshalb esse ich sie!« Der Nachbar verzog das Gesicht und schalt: »Du redest Unsinn, du weißt genau, daß der Baum auf meinem Grunde steht, und deshalb sind auch alle Mandarinen mein Eigentum! Du hast kein Recht auf sie!« Mōi schaute den schimpfenden Mann durchdringend an, dann sagte er: »Wenn du so meinst«, und ging in sein Haus zurück. Er hätte gerne noch einiges gesagt, aber er ließ es bleiben.

Nach vier, fünf Tagen hatte sich Mōi eine tote Katze verschafft, er band den schlaffen Körper an einen langen Stecken, diesen Stecken stellte er im eigenen Garten auf und sorgte dafür, daß die Spitze zum Nachbarn hinüberreichte. Der Junge war sehr geschickt, und der Katzenkörper baumelte gerade über der Haustür des Nachbaranwesens. Die tote Katze fing bald an zu faulen, schlimmer Gestank zog durch die Luft, und eine große Menge von Schmeißfliegen hing wie eine Wolke vor der Tür. Der Nachbar sah die Bescherung, er ärgerte sich fürchterlich, und als er Mōi entdeckte, schrie er ihn an: »Was fällt dir denn eigentlich ein, du Bengel? Was soll das heißen, vor anderer Leute Haustür eine verwesende Katze hinzuhängen?« Und er schickte sich an, das Ärgernis sogleich zu entfernen. Mōi aber fuhr ihm dazwischen: »Wer hat dir erlaubt, die Katze abzunehmen? Woher kommt sie denn? Schau nur genau, dann kannst du sehen, daß der Stock, an dem sie hängt, auf unserm Grunde steht. Du hast sie nicht anzufassen!«

Dem Nachbarn ging der Verwesungsgeruch arg auf die Nerven, er wollte nicht auf das hören, was der Junge sagte, und er machte weiterhin Anstalten, die Katze herunterzuholen. Da sagte Mōi laut und deutlich: »Lieber Nachbar, vor ein paar Tagen habe ich von dir gelernt, daß ich die Mandarinen, die zu uns herüberhängen, nicht zu nehmen habe, weil sich der Baum auf deinem Grund und Boden befindet. Wieso darfst du denn nun die Katze abschneiden? Der Stecken, an dem sie hängt, steht doch bei uns!« Der Nachbar fuhr herum, er betrachtete Mōi, der ihn recht friedfertig anschaute, und nach einigem Überlegen sagte er: »Höre, du Bursche, von nun an kannst du alle Früchte, die zu euch hinüberhängen, essen. Ich will dazu gar nichts mehr sagen!«

Ja, und von diesem Zeitpunkt an durfte Mōi ungestört die Äste des Baumes, die auf das eigene Grundstück hinüberhingen, plündern und sich an den leckeren Mandarinen satt essen.

Anmerkung:

Mōi Uekata ist auf der Hauptinsel Okinawa sehr bekannt, er ist für seine Schlagfertigkeit, seinen Witz und Humor berühmt. Er soll eine geschichtliche Gestalt gewesen sein; sein richtiger Name, so wird berichtet, lautete Inoha Seimō. »Uekata« war ein Beamtentitel im Ryūkyū-Reich.

Die Trauerzeit
von 49 Tagen

Vor vielen, vielen Jahren hielt man einmal in einem Landhaushalt eine Kuh und ihr Kalb. Warum das so geschah, weiß ich nicht zu sagen, auf jeden Fall brauchte man eines Tages die Kuh nicht mehr, und man beschloß, sie zu schlachten und zu verzehren.

Als man das Tier zum Tode führte, lief das Kälbchen, wie es seine Gewohnheit war, hinterher und mußte sehen, wie man seine Mutter auf das Haupt schlug und sie betäubte, wie sie umfiel und dann zerlegt wurde. Anschließend wurde das verwaiste Kalb in den Stall zurückgebracht.

Am siebten Tag nach dem Tod des Muttertieres ging das Kalb hinaus auf das Feld, wo man die Kuh geschlachtet hatte, es starrte lange auf den unglückseligen Ort, und aus seinen sanften Augen quollen dicke Tränen. Nach wiederum sieben Tagen hielt es dieselbe Andacht, das geschah sieben mal sieben Tage, also neunundvierzig Tage. Dann hatte es sich beruhigt.

Der Bauer sah das seltsame Verhalten, er wunderte sich, und die Trauer des Tieres rührte ihn. Er dachte: »Wenn eine unvernünftige Kreatur seine Mutter so ehrt und um sie weint, dann geht es nicht an, daß sich der Mensch, der doch die Krone der Schöpfung sein will, Vater und Mutter gegenüber gleichgültig verhält und sie nach ihrem Tode nicht gebührend ehrt und um sie trauert. Das Kälbchen hat mir eine Lehre erteilt.«

Und seit diesem Ereignis ist es Brauch, den Verstorbenen nach ihrem Begräbnis siebenmal an jedem siebten Tag, also bis zum 49. Tag, Weihrauch zu opfern und Gebete für sie zu sprechen. So wird berichtet.

Anmerkung:

Nach buddhistischer Vorstellung wandert die Seele eines Verstorbenen 49 Tage lang zwischen den Welten hin und her, sie tritt in dieser Zeit vor ihren Richter, den König Enma (Sanskrit: König Yama), und bekommt von ihm ihre nächste Existenz zugewiesen. In diesen 49 Tagen bedarf die Seele besonders der Fürbitte. Deshalb werden von den Verwandten an jedem siebten Tag, bis zum 49. Tag, Gottesdienste am buddhistischen Hausaltar abgehalten. Nach dieser Frist ist die erste Trauerzeit beendet.

DER STERNENSAND

Vor unendlich langer Zeit beschlossen die beiden Sterne, die jeweils über den Norden und den Süden im Tierkreis gesetzt sind, sich zu vermählen und Kindern das Leben zu schenken. Der Polarstern war der Gatte und das Kreuz des Südens die Gattin. Ihr Wunsch wurde gesegnet, und es rückte die Zeit heran, zu der das Kreuz des Südens die Kinder auf die Welt bringen sollte. Kurz vorher begab sich die Gemahlin zum obersten Himmelsherrn und bat ihn: »Herr, sage mir, wo ist der beste Platz für die bevorstehende Geburt?« Der Himmelsherr ließ seinen Blick für eine Weile über die irdische Welt schweifen, und er entdeckte schließlich die liebliche Insel Taketomi. Wunderschön lag sie im blauen Südmeer, und Korallenriffe, an denen sich die weißen Wellen brachen, umsäumten sie. Der Himmelsherr lächelte erfreut, als er die einladende Gegend sah, dann drehte er sich zum Kreuz des Südens und sprach milde: »Ich denke, für die Geburt deiner Kinderchen ist die Südseite von Taketomi ein guter und passender Ort. Dort sind die Wasser warm, und die Strömung im Meer ist sanft und ungefährlich. Ja, meine Liebe, begib dich zur Südseite der Insel Taketomi!«

Das Kreuz des Südens folgte gerne dem Rat des obersten Himmlischen, und es begab sich hinunter nach Taketomi. Und dort schenkte es im warmen, ruhigen Meer auf der Südseite der Insel vielen kleinen Sternenkindern das Leben. Die See glänzte friedlich im Sonnenschein, und die Korallenriffe wehrten die hohen Wellen ab. Die Wiege der Sternchen war bezaubernd schön. Die Sternenmutter betrachtete ihre Kinder voll Freude, dann stieg sie wieder hoch in den Himmel. Die Arme wußte nicht, daß sie sich einen mächtigen und furchtbaren Feind gemacht hatte.

Der Beherrscher über das Meer, der Siebendrachengott, war schnell gewahr geworden, was sich in seinem Wasserreiche zugetragen hatte. Er sah, daß die See verunreinigt war, und er wurde sehr böse. Man hatte ihn nicht um Erlaubnis gefragt, sondern einfach sein Reich für die Geburt der Sterne benutzt. Sein Zorn wuchs unermeßlich, er beschloß, diesen Frevel zu bestrafen, und deshalb rief er eine Riesenschlange, die in seinen Diensten stand, zu sich. Zu dieser sagte er, und seine Augen sprühten Feuer: »Es ist ungeheuerlich. Das Kreuz des Südens hat in meinem kristallklaren Meer viele Kinder in die Welt gesetzt und vorher nicht einmal gefragt, ob es mir auch recht ist. Das kann ich nicht dulden. Geh darum hin und vernichte diese Sternenkinder. Friß sie auf!«

Die Riesenschlange gehorchte dem Siebendrachengott, und sie begab sich sogleich in das Meer auf der Südseite von Taketomi. Dort spielten die Kinder des Sternenpaares im Wasser, und sie waren allerliebst. Die Riesenschlange riß augenblicklich ihren großen Rachen auf, verschluckte die Kinderchen und brachte sie allesamt um. Später spie sie die toten Körper wieder aus, die Wellen erfaßten sie und wuschen sie hinüber an den Strand Higashi-Misaki, der auf der Südseite der Insel Taketomi liegt. Dort sammelten sich mit der Zeit die Sternenkörperchen an, und auf diese Weise ist der wunderschöne Sternensand entstanden.

Am Strande Higashi-Misaki gab es einen *utaki*, und in diesem heiligen Ort wohnte eine sanfte und liebenswürdige Göttin. Die Himmlische sah die toten Sternenkinder, und sie taten ihr unendlich leid. Sie sammelte eine Handvoll von ihnen auf und legte sie in ihr Weihrauchgefäß vor ihrem *utaki*. Dabei dachte sie: »Beim Inselfest werden die Menschen hier Weihrauch verbrennen, dann können diese Sternchen mit dem Rauch zusammen in den Himmel aufsteigen und zu ihrer Mutter, dem Kreuz des Südens, gelangen.« Und wie es die Göttin gehofft hatte, so geschah es auch. Beim nächsten Fest verbrannten die Gottesdiener sehr viel Weihrauch in dem Gefäß, und der Sternensand stieg mit dem heiligen Dunst zusammen hoch hinauf in den Himmel.

Auf der Insel Taketomi ist es seither zur Sitte geworden, jedes Jahr bei der Feier am Higashi-Misaki Strand neuen Sternensand in das Weihrauchgefäß des *utaki* zu füllen. Und jedes Jahr steigen Sternenkinder mit dem Rauch hinauf zu ihrer Mutter. Schon unendlich viele haben diese Reise machen dürfen, und deswegen seht ihr, wenn ihr ganz genau hinschaut, um das Kreuz des Südens viele winzig kleine Sternchen glitzern.

Anmerkung:

Dies ist die einzige Erzählung in Ryūkyū, die über die Entstehung des schönen Sternensandes berichtet. Uesado Tōru hat sie erzählt. Der alte Mann kannte viele Märchen von seiner Insel, und als er starb, nahm er diesen Reichtum seiner Heimat mit sich. Zum Aufzeichnen der Geschichten war keine Zeit mehr gewesen.

Auf den Yaeyama-Inseln (der südlichste Archipel der Okinawa-Inseln) gibt es die meisten Geschichten in Ryūkyū, die sich mit Sternen befassen (Endō).

Sternensand entsteht aus abgestorbenen Korallenblöcken, die allmählich verwittern. Auf den Yaeyama-Inseln, besonders Taketomi, ist er häufig am Strand zu finden. Er sieht, wenn man ihn genau betrachtet, aus wie ein sternförmiges Sandkorn, und manche Sternchen haben tatsächlich sechs Strahlen. Die Strände in Okinawa bestehen zum großen Teil aus Korallensand, sie sind sehr weiß, und der Sand ist verhältnismäßig leicht.

Das Kind des Himmels

Vor vielen, vielen Jahren hatte eine wunderschöne Jungfrau es sich zur Gewohnheit gemacht, jeden Morgen nach dem Aufstehen den Tau, der in der Nacht vom Himmel gefallen war, zu trinken. Nach einer Weile fühlte sie sich wunderbar gesegnet, und sie gab schließlich einem hübschen, gesunden Knaben das Leben. Bei der Geburt des Kindes fiel ein rundes Ding, so wie es noch niemand gesehen hatte, vom Himmel, es zeigte auf der einen Seite eine halbe Sonne, auf der anderen jedoch einen halben Mond. Das Abbild der Sonne glänzte bei Tage strahlend hell, und wenn es Nacht wurde, leuchtete das halbe Bildnis des Mondes auf. Die junge Mutter glaubte fest, daß dies ein Geschenk des Himmelsgottes sei, und sie verwahrte es sorgfältig.

Der Junge wuchs und gedieh, er wurde alt genug, um in die Schule zu gehen, und da er das Kind des Himmels war, gelang ihm dort alles vortrefflich. Er war immer der Beste im Lernen, seinen Kameraden aber gefiel das überhaupt nicht, und sie begannen allmählich, ihn mit Haß zu verfolgen. Eines Tages taten sie sich zusammen und überlegten, wie sie ihn kränken könnten. »Der Kerl hat überall die Nase vorn, und im Lernen sticht er jeden von uns einfach aus. Da muß er ja eingebildet werden. Aber wer ist er denn? Kein Mensch kennt seinen Vater, wer weiß, wo ihn seine Mutter aufgelesen hat, und Geschwister hat er auch keine.« So redeten die Jungen, und nun fiel einer eifrig ein: »Ich habe eine Idee. Wir sagen ihm, er soll doch mal den Haarzopf seiner großen Schwester mitbringen und ihn uns zeigen!« Die Burschen lachten schadenfroh, dann begaben sie sich sogleich zu ihrem Opfer: »Höre mal, du Schlauberger, soviel uns bekannt ist, hast du weder einen Vater noch eine Schwester. Du kannst uns nicht einmal den Haarzopf deiner Schwester bringen und zeigen, oder?« Da ging der Junge niedergeschlagen heim und sagte zu seiner Mutter: »Die Dorfbuben machen sich über mich lustig, weil ich keinen Vater und keine Geschwister habe. Mütterlein, sage mir doch, wer ist eigentlich mein Vater?«

Die Mutter zauderte ein wenig, sie bedachte sich, dann sprach sie: »Mein lieber Junge, mit dir hat es eine Besonderheit. Du hast keinen Menschenvater wie deine Spielgefährten, denk dir, du bist ein Kind des Himmelsgottes!« – »Ich bin ein Kind eines Gottes? Wie kann ich das glauben?« – »Ich sage dir die Wahrheit, und zum Zeichen dafür besitze ich sogar ein Himmelsgeschenk.« – »Mutter, wenn es so ist, wie du sagst, dann zeige mir doch einmal das Ding, von dem du redest!« Die Frau ging an eine Truhe und holte den runden Gegenstand, der die halbe Sonne und den halben Mond zeigte, hervor. Lange hatte sie ihn sorgfältig weggeschlossen gehabt, nun war die rechte Zeit gekommen, ihn dem Kind zu zeigen. »Schau her, mein Liebes, das ist bei deiner Geburt auf die Erde heruntergefallen, und es zeigt an, daß der Himmelsgott dein Vater ist.«

Der Junge, der noch nie solch ein glänzendes Ding gesehen hatte, ergriff es, um es genauer zu betrachten. Er hatte es eben gerade in seine Hände geschlossen, als etwas sehr Ungewöhnliches geschah: Mit einem Male wurde sein Körper ganz schwerelos, er erhob sich in die Luft, ja, er vermochte zu fliegen! Er rief: »Mutter, mein Vater ist ein Gott, ich gehe jetzt hinauf in den Himmel, um ihn zu treffen.«

Der Junge stieg höher und höher in den Himmel hinauf, es war ganz wunderbar einfach für ihn, und er hielt das kostbare Beweisstück, das ihm die Mutter gegeben hatte, fest an seine Brust gedrückt. Nach einer langen Reise erreichte er endlich das Portal des Himmels. Er wollte es durchschreiten, der Torwächter jedoch kam hervorgestürzt und hielt ihn zurück. Scharf sagte der: »Was fällt dir eigentlich ein? Wieso glaubst du, daß du hier ohne weiteres durchgehen darfst?« Der Junge holte das Erkennungszeichen hervor, zeigte es dem Türsteher und antwortete: »Ich darf wohl hier durchgehen, denn ich bin das Kind des Himmelsherrn, sieh nur dieses Symbol!« Der Wächter trat überrascht zurück, er verneigte sich tief und ließ den Besucher von der Menschenwelt ohne weiteren Widerspruch in den Himmelspalast eintreten.

Der Junge schritt durch das große Tor in das Schloß hinein. Er durchquerte lange Gänge, viele weite Hallen, und endlich erreichte er den prächtigen Saal, in dem sich der Himmelsgott und seine Gemahlin befanden. Er trat vor die beiden hohen Herrschaften und machte seine allerschönste Verneigung. Die zwei Göttlichen unterhielten sich eben, und als sie plötzlich den kleinen Gast, mit dem niemand gerechnet hatte, vor sich erblickten, bekamen sie vor Erstaunen ganz runde Augen. Der Gott fragte: »Wer bist du eigentlich? Du kommst hierher zu uns und grüßt uns sehr artig. Wir kennen dich jedoch nicht. Sag mal, was willst du bei uns, und woher kommst du?« – »Ich komme von drunten aus der Menschenwelt.« – »Und was hat dich her zu uns geführt?« – »Du bist mein Vater, und ich wollte dich deshalb besuchen!« Die Gemahlin des Himmelsherrn betrachtete den Jungen außerordentlich überrascht, und sie sprach: »Du behauptest, du seist ein Kind des Gottes hier. Kannst du das beweisen?« – »Selbstverständlich kann ich das, ich besitze ein Zeichen dafür, daß ich die Wahrheit sage.« Mit diesen Worten zog der Knabe den Gegenstand, den er von der Mutter erhalten hatte, hervor.

Im himmlischen Palast hatte man in der Schmucknische im Osten die Hälfte des Vollmondes, so wie er sich in der 15. Nacht zeigt, als Zierde aufgehängt. Die Schmucknische im Westen hingegen schmückte eine halbe Sonne. Die göttliche Gemahlin nahm das Erkennungszeichen mit dem halben Mond und der halben Sonne, das der Besucher mitgebracht hatte, sie trug es nacheinander hin zu den beiden Schmucknischen, und hier konnte sie damit die Ziergegenstände zu jeweils einem vollkommen runden Mond und einer vollständig runden Sonne ergänzen. Die Göttin betrachtete nun ihren Gatten, den Himmelsherrn, recht unwillig, und sie sagte zürnend: »Mein Gemahl, da hast du dich also mit einer Menschenfrau zerstreut und ihr ein Kind angehängt. Du bist nicht auf göttlichen Wegen gewandelt, und ich meine, du solltest dich schämen!« Der Gott hatte auf diesen Vorwurf nichts zu erwidern, und er senkte verlegen den Kopf.

Die göttliche Gemahlin überlegte eine Weile, sie war schließlich die Stiefmutter des Knaben aus der Menschenwelt, und endlich sprach sie: »Du willst ein Kind des Himmels sein, und darum zeige uns, welche Kraft und Macht du besitzt. So höre denn: Es gibt ein ungeheuer starkes Dämonenschloß. Meine eigenen sieben Söhne sind gegen es ausgezogen, sie waren jedoch nicht in der Lage, es zu überwältigen und die bösen Bewohner niederzuschlagen. Wenn es dir nun gelingen sollte, die Dämonen zu besiegen, dann will ich dich als ein Kind des Himmelsherrn anerkennen!« Der Angeredete antwortete ohne Zögern: »Ja, Herrin, ich will es versuchen.« Und er begab sich sogleich hin zu dem Dämonenschloß, von dem die Stiefmutter gesprochen hatte.

Die Dämonen, die in diesem Schloß hausten, waren mit der Zeit übermütig geworden, niemand konnte ihnen

Widerstand leisten, und deswegen quälten sie die Menschen in ihrer Umgebung immer grausamer. Sie hatten ja auch keinen Grund, sich vor etwas zu fürchten. Die sieben Brüder, die vom Himmel herabgekommen waren, um sie niederzuwerfen, hatten diesen Kampf verloren und mußten sich geschlagen zurückziehen. Die Spukwesen glaubten fest, daß sie die Herren der Welt waren. Aber sie sollten endlich ihren Meister gefunden haben. Das Kind des Himmels trat furchtlos vor sie hin, es wies ihnen das runde Zeichen mit der halben Sonne und dem halben Mond, und in diesem Zeichen wohnte eine wunderbare Kraft: Die nahm den Dämonen jegliche Stärke, sie wurden schwach wie kleine Kinder und vermochten nicht mehr zu kämpfen. In ganz kurzer Zeit mußten sie sich geschlagen geben und Schloß und Land verlassen. Sie zogen fort, irgendwo hin.

Der Junge kehrte siegreich in den Himmel zurück, er trat vor seinen Vater und die Stiefmutter und sagte: »Ich komme, euch zu melden, daß das Dämonenschloß vernichtet ist. Die Bösen sind geflohen und sie werden keinen Schaden mehr anrichten!« Die göttliche Stiefmutter bedachte sich gar nicht lange, und sie sprach freundlich: »Ich erkenne an, daß du ein Kind des Himmelsgottes bist. Du verfügst über ungewöhnliche Kräfte, die das beweisen. Ich bitte dich aber, eines zu verstehen. Hier oben im Himmel haben wir gerade genug Essen für meine sieben Söhne, für dich würde es nicht mehr reichen. Begib dich also wieder hinunter in die Welt der Menschen. Geh in das Land Okinawa und mache es dir untertan. Sei sein *aji*. Und ich habe dir noch etwas mitzuteilen: Auf der Erde drunten hat inzwischen deine Schwester das Licht der Welt erblickt, und sie soll von nun an als Geheiligte die Feste für die Himmlischen ausrichten. Sie soll eine *noro* sein.«

178

Der Junge gehorchte, er ging hinunter nach Okinawa und wurde sein Herr. Seine Schwester setzte er als Gottesdienerin über die heiligen Stätten ein. Auf diese Weise, so wird berichtet, sind in der Geschichte des Ryūkyū-Reiches die Feudalherren, die *aji*, und die Frauen, die als Schamaninnen den Göttern dienen, die *noro* nämlich, zum ersten Male aufgetreten.

Anmerkung:

Mit dem »Mond in der 15. Nacht« ist die 15. Nacht im Mondkalender gemeint, besonders der Vollmond im Herbst. Ein *aji* war im Mittelalter ein Feudalherr in Ryūkyū. Eine *noro* ist eine Schamanin der Ryūkyū-Inseln.

Erzählungen, die von einem Kind, das als Vater den Himmelsgott (oder Sonnengott) und als Mutter eine irdische Frau hat, sind in Japan öfter anzutreffen. Dieses Kind wird dann, wenn es erwachsen ist, zu einem Helden oder Herrscher.

Die vorgestellte Geschichte stammt von der Insel Aguni, und es gibt ähnliche in recht großer Anzahl auf dem Miyako-Archipel. Märchen mit dem gleichen Motiv sind in Südostasien und auch in Südamerika zu finden (Endō).

Die Götter
von Miyako-jima

Vor vielen Jahren hatte sich einmal ein Mädchen im Hauswesen des Bezirkvorstehers als Magd verdingt. Es besaß überhaupt keine irdischen Güter, und auch seine Kleidung war von der allereinfachsten Sorte, so arm war es.

Eines Tages ging es zum Wasserholen an den Teda-Brunnen, den Sonnen-Brunnen. Dort verspürte die Magd ein Bedürfnis, sie hockte sich nieder, und als sie ihre Notdurft verrichtet hatte, legte sie gleich darauf dreizehn Eier. Nach anfänglichem Erschrecken bedeckte sie die sorgfältig mit Laub, und von diesem Tage an machte sie es sich zur Gewohnheit, jedesmal bei Wasserholen am Teda-Brunnen auch ihre Eier zu wärmen. Die Zeit verging, und die Eier sollten mittlerweile ausgebrütet sein. Endlich war es so weit, und als die Magd wieder zum Wasserschöpfen erschien, waren alle Eier geschlüpft und dreizehn Kinderchen spielten im Wasser des Teda-Brunnens.

Die junge Mutter eilte nach Hause und kochte einen großen Topf mit Brei, damit ging sie zu ihren Kindern zurück und fütterte sie. Sie spielte mit ihnen und war glücklich, denn ihre Kinder waren göttliche Kinder.

Mit der Zeit wurden sie erwachsen, und nun erhielten sie ihre verschiedenen Sitze als Schutzgottheiten der Insel. Das älteste Mädchen wurde die Erdgöttin Nmanupa, man wies ihr die südöstliche Himmelsrichtung zu, die im Zeichen des Pferdes steht. Ein Junge wurde der Windgott Toranupa, seine Himmelsrichtung war Nordosten, im Zeichen des Tigers. Der Gott der Buchführung, Sainupa, sollte im

Südwesten, unter dem Zeichen des Affen, regieren, und wieder ein anderes Kind gebot als Niinupa, Gott der Befehle, über den Nordwesten, der unter dem Zeichen der Ratte steht. Auf diese Art empfingen die Kinder ihre Plätze, die sie zu verwalten hatten, und endlich waren alle dreizehn Himmelsrichtungen besetzt.

Eines Tages ging der Windgott Toranupa zum Kap Faimara und hatte dort eine lange Unterredung mit den Gebietsgöttern der Insel. Und sie beschlossen, bald einen großen Taifun zu erregen. Auf dem Heimweg traf Toranupa seine Schwester Nmanupa, die Erdgöttin, und er brüstete sich lauthals:

»Schwester, ich komme gerade von Faimara. Dort habe ich mit den Göttern der verschiedenen Gebiete Rat gehalten, und wir wollen noch heute abend einen Sturm, einen gewaltigen Taifun, über Meer und Insel kommen lassen.«

»Bruder, was redest du, was willst du mir antun? Ganz Miyako-jima steht voll mit reifer Hirse. Schön und schwer neigt sich die Frucht, und sie soll jetzt eingeholt werden. Willst du meine ganze Mühe mit deinem Toben einfach niederreißen und vernichten? Bruder, was fällt dir ein, ich bitte dich, laß ab von deinem tollen Vorhaben!« Die Erdgöttin war den Tränen nahe.

Der Windgott Toranupa aber antwortete grob: »Sag du, was du willst, ich habe es mit den anderen Göttern bei Faimara abgesprochen, und der große Sturm wird heute abend kommen. Glaubst du vielleicht, ich gehe nochmal hin zum Kap und fange wiederum an, mit allen zu verhandeln, das kann ich nicht. Was beschlossen ist, ist beschlossen. Heute nacht gibt es einen Taifun!« Toranupa hatte für die Bitten und Klagen seiner Schwester nur taube Ohren.

Die Erdgöttin stand weinend und wollte vor Kummer und Sorge fast zusammenbrechen. Sie klagte: »Wie schrecklich, wenn meine gesamte Hirse vernichtet werden sollte, wird es auf Miyako-jima kein Essen mehr geben und eine Hungersnot ausbrechen!« Sie schaute den Bruder bittend an. Der aber beharrte trotzig: »Ich habe gesagt, daß es Sturm gibt, also wird es Sturm geben. Schluß mit der Jammerei. Mit deiner Hirse habe ich nichts zu tun! Du mußt dir schon selber helfen!« Mit diesen harten Worten ging er seines Weges.

Nmanupa überlegte fieberhaft: »Es muß etwas geschehen, und zwar schnell, sonst überrascht mich der Sturm. Ich muß irgendwie die Hirse einbringen. Und dazu brauche ich eine geeignete Sichel, mit der ich die Frucht schneiden kann. Dann will ich sogleich ernten!«

Die Göttin begab sich auf die Suche nach einem passenden Erntewerkzeug. Sie hatte zu dieser Zeit zufällig ein stattliches Rind bei sich. Unterwegs traf sie einen reichen Mann, der eben seine Leute versammelt hatte, um mit der Ernte anzufangen. Nmanupa redete ihn an und sprach: »Höre, willst du nicht deine Sichel, die du zum Hirseschneiden vorbereitet hast, gegen diesen schönen Zuchtstier tauschen?« Der Reiche gab ihr bereitwillig sein Werkzeug, nahm den Stier in Empfang und zog ihn hinter sich her nach Hause. Er frohlockte: »Wer hat je von so einem günstigen Tausch gehört, das war wirklich eine einträgliche Sache für mich!« Ohne weiter zu überlegen, ging er heim, lud zu einem Festessen, ließ Shamisenspieler kommen, aß, trank, sang und tanzte sorglos mit seinen Leuten den ganzen Tag.

Die Erdgöttin aber nahm die Sichel fest in ihre Hand, versammelte die Inselbewohner und begann, mit ihnen zusammen die Hirse zu schneiden. Jeder arbeitete fast über seine Kräfte hinaus, als es Abend wurde, lagen die Felder sauber abgeerntet da, und die Frucht konnte heim in die

Scheunen gebracht werden. Es war gerade alles sicher verstaut, als der Wind anfing, stärker zu werden, er heulte lauter und lauter, bald konnte niemand mehr seinen Stößen standhalten, und ein Taifun von nie erlebter Gewalt fuhr über die Insel. Der Sturm wütete die ganze Nacht, und als er sich am Morgen endlich ausgetobt hatte, waren die Felder des reichen Mannes, der lieber gefeiert als geerntet hatte, niedergewalzt. Seine ganze Hirse war vernichtet. Er konnte auch nicht das allerkleinste Erntegut einbringen, und bald mußte er den Zuchtstier, auf den er so stolz gewesen war, gegen Hirseballen eintauschen. Und als auch die aufgezehrt waren, stand er vor dem Ruin.

Seither gibt es ein Sprichwort, das besagt: »Der allerschönste Zuchtstier kann niemals die diesjährige Ernte der fünf Getreidesorten aufwiegen.« Ein Spatz in der Hand ist also besser als eine Taube auf dem Dach!

Anmerkung:
Mit den »fünf Getreidesorten« sind Reis, Weizen, Hirse, Kolbenhirse und Bohnen gemeint.

NACHWORT

Okinawa liegt ganz im Süden von Japan, und das Inselgebiet gehört schon zu den subtropischen Breiten. Der Archipel erstreckt sich rund 1000 Kilometer von West nach Ost und rund 500 Kilometer von Nord nach Süd. Er umfaßt circa 150 Inseln, 40 davon sind bewohnt. Zur Zeit hat die Präfektur Okinawa ungefähr 1,3 Millionen Einwohner, 80 Prozent davon leben auf Okinawa, der gleichnamigen Hauptinsel.

Von der Bevölkerungszahl her gesehen lebt auf den Okinawa-Inseln nur etwa 1 Prozent der japanischen Bevölkerung, aber die dort volkskundlich erfaßten Märchen und Sagen machen 50 Prozent des Materials aus, das in den vergangenen 100 Jahren in Gesamtjapan gesammelt worden ist. In Okinawa wurden etwa 73 000 Märchen und Sagen von ungefähr 13 000 Erzählern gehört und aufgezeichnet. Ihr Wert liegt nicht nur in der ungeheuren Menge, sondern vor allem in ihrer Vielfalt und dem inhaltlichen Reichtum. Sie besitzen dieselbe Qualität wie die im übrigen Japan aufgezeichneten Erzählungen. – Warum nun gibt es in dem kleinen Okinawa einen solchen volkskundlichen Schatz? Dafür sind folgende Gründe zu nennen.

1. Die Inseln von Okinawa liegen wie eine Perlenkette am östlichen Ende des eurasischen Kontinentes, und sie sind im Laufe der Zeit zu einer Schatzkammer geworden, in die das Märchen- und Sagengut von ganz Eurasien geflossen ist und sich dort angesammelt hat. Auch Geschichten, die man in Europa kennt, treten auf.

2. Okinawa war bis vor 130 Jahren ein selbständiges König-reich, der Einfluß von Japan war begrenzt, und deshalb blieb die eigene alte Kultur des Insellandes vergleichswei-se unverändert erhalten.

3. Die Religion, wie sie in Okinawa ausgeübt wird, beruht von alters her auf Ahnenverehrung und Verehrung der Natur. Einflüsse vom Buddhismus und anderen, aus dem Ausland stammenden Religionen gab es fast keine.

4. Etwas, das auf den jeweiligen Inseln einmal aufgenom-men und integriert worden ist, hat sich nur noch wenig gewandelt. Besonders bei Überlieferungen, die mündlich weitergetragen worden sind, ist das der Fall. Die Frauen, die meistens die Geschichten weitergetragen haben, ha-ben ihr ganzes Leben auf einer Insel verbracht und sie nur in seltenen Ausnahmefällen verlassen. Aus diesem Grunde haben sich die einst aufgenommenen Märchen und Sagen fast nicht mehr verändert.

5. Die Inselwelt von Okinawa ist im Fernen Osten ein wichtiger Angelpunkt für den Austausch zwischen Nord und Süd. Aus dem Norden ist vor allem die japanische Kultur gekommen und mit ihr ihre Güter und Waren, aus dem Süden hingegen ist stark der Einfluß von Südost-asien und China zu bemerken. Diese Kulturströme ha-ben sich stets auf den Inseln von Okinawa getroffen und ausgetauscht.

6. Die südlichen Inseln Okinawas bilden die Grenze für die nordmongolide Rasse, die nördliche Grenze für den süd-mongoliden Menschenschlag hingegen ist Taiwan, das westlich von den Yaeyama-Inseln (Okinawa) liegt. Aus

diesem Grunde waren die Inseln von Okinawa ein Gebiet, das den Einfluß beider Volksgruppen erfahren hat. Viele alte Überlieferungen dieser Völker haben sich niedergeschlagen und sind erhalten geblieben. Darüber hinaus sind auch eigene, nur auf den Ryūkyū-Inseln bekannte Märchen und Sagen entstanden und bis in unsere Tage weitergegeben worden.

Endō Shōji
(Emeritierter Professor
der Internationalen Universität
Okinawa)

QUELLENVERZEICHNIS

MÄRCHEN UND SAGEN AUS JAPAN

Maulwurf und Lerche (mōgura to hibari)
Diese Geschichte ist mir von Bekannten erzählt worden.
Varianten sind unter anderem bei Endō: »Okinawa no
mukashibanashi«, Ginowan 1998, und Tsubota Jōji:
»Nihon no mukashibananshi«, Tokyo 1975, zu finden.

Tanabata, das Sternenfest (Tanabata)
Parallelen und Varianten zum Beispiel bei Tsubota Jōji:
»Nihon no mukashibanashi«, Bd. 3, Tokyo 1975; Inada:
»Nihon no hyaku-sen«, Tokyo 1971; »Kagoshima-ken no
minwa«, Nihon Jido Bungakusha Kyōkai, Bd. 5, Tokyo
1978.

Der Fuchsgott, der Sumo liebte (Sumō-Inari [Saitama-ken])
Diese Erzählung habe ich von einer Freundin in Tokyo
gehört. Sie soll aus der Präfektur Saitama stammen. Sie ist
in etwa bei Ikehara: »Nihon no minwa 300«, Tokyo 1993,
nachzulesen.

Falke und Schlange (taka to ōhebi [Shikoku])
Dieses Märchen hat mir ein alter Mann an einem der 88
Tempel auf Shikoku erzählt, etwa um 1985. Eine Variante
ist bei Kishigami: »O-Shikoku-san to minwa-tabi«, Nio
2000, nachzulesen. Auch in »Ehime-ken no minwa«,

Nihon Jido Bungakusha Kyōkai, Bd. 19, Tokyo 1980, wird dieses Thema behandelt.

Das Seegespenst (oki no umibōzu [Kōchi-ken])
Dieses Märchen hat mir eine Pensionswirtin auf einer Wanderreise durch Shikoku erzählt. Es wurde unter anderem in Ikehara: »Nihon no Minwa 300«, Tokyo 1993, und auch in »Furuzato Hirao-chō no Minwa to Densetsu«, Bd. 2, Hirao-chō 1991, veröffentlicht.

Der alte Bauer und der Sturmgott (Hachijōjima no hanashi [Tokyo])
Dieses Märchen hat mir eine Verwandte aus Tokyo erzählt. Es ist in »Hachijōjima no minwa«, Nihon no Densetsu, Bd. 40, Tokyo 1965, zu finden.

Der Waffenschmied und der Zauberer (katana-kaji to oni [Toyama-ken])
Dieses Märchen hat mir mein Schwiegervater, der aus Toyama stammte, erzählt. Sie ist auch in »Densetsu Toyama«, Toyama 1971, verzeichnet.

Die Dachseminenz (mujina-oshō [Yamanashi-ken])
Dieses Märchen hat man mir in und um Kamakura in verschiedenen Varianten erzählt. Es ist auch in anderen Landstrichen Japans bekannt, die Tempelnamen und die Dörfer ändern sich dann selbstverständlich.
Die Geschichte ist unter anderem bei Shōji: »Nihon no Minwa 300«, Tokyo 1993, und in »Densetsu Toyama«, Toyama 1971, zu finden. Besonders die Aufzeichnung von Toyama weist auf das vom Abt beschmierte und dann in Ehren gehaltene Schriftstück hin.

Das Haus der Grasmücken (uguisu no ie)
Das Märchen wurde unter anderem in Inada: »Nihon
mukashibanashi hyaku-sen«, Tokyo, 1971, in »Izumo no
minwa«, Nihon no Densetsu, Bd. 12, Tokyo 1958, und in
der 12-bändigen Reihe Nihon no Densetsu, Tōhoku I,
Tokyo 1978, veröffentlicht.

Märchen und Sagen aus Okinawa

Weisheit des Alters (oi garasu to ushi no tsuno)
Erzählt von Ōyama Isao aus Taketomi.
Quelle: Endō: »Okinawa no minwa«, Ginowan 1998.

Die Taube und der Gottesgesang (hato to kami–uta)
Erzählt in Nakagami-son, Katsuren-chō, Tsuken.
Quelle: Endō: »Okinawa no minwa«, Ginowan 1998.

Warum der Hahn morgens kräht (ichiban-tori yurai)
Erzählt in Yaeyama-gun, Taketomi-chō, Obama-jima.
Quelle: Endō: »Okinawa no minwa«, Ginowan 1998.

Die Fliege und der Sperling (hae to suzume)
Erzählt in Kunigami-gun, Kunigami-son.
Quelle: Endō: »Okinawa no minwa«, Ginowan 1998.

Habu und Regenwurm (habu to mimizu)
Erzählt in Kunigami-gun, Kunigami-son.
Quelle: Endō: »Okinawa no minwa«, Ginowan 1998.

Der Froschbräutigam (kaeru muko iri)
Erzählt in Miyako-gun, Irabu-chō.
Quelle: Sadoyama: »Yugatai«, Bd. 4, Hirara 1984.

Der Hundebräutigam (inu muko iri)
Erzählt in Nakagami-son, Yomitan.
Quelle: Endō: »Okinawa no minwa«, Ginowan 1998.

Die Bärenmutter (kuma nyōbō)
Erzählt in Naha.
Quelle: Endō: »Okinawa no minwa«, Ginowan 1998.

Die Fuchsfrau (kitsune nyōbō)
Erzählt in Nakagami-gun, Gushikawa-shi.
Quelle: Endō: »Okinawa no minwa«, Ginowan 1998.

Die Walfische (kujira no yurai)
Erzählt in Yaeyama-gun, Taketomi-chō, Hateruma.
Quelle: Endō: »Okinawa no minwa«, Ginowan 1998.

Das Mädchen mit dem Reistiegel auf dem Kopf
(hagama-kaburi musume)
Erzählt in Miyako-gun, Tarama.
Quelle: Endō: »Okinawa no minwa«, Ginowan 1998.

Die Wunderblume im Meer (umi ni saku hana)
Quelle: Sadoyama: »Yugatai«, Bd. 3, Hirara 1981.

Von der Frau, die zu einem Schiff wurde
(fune ni natta onna no yugatai)
Erzählt von Yonahara Kamado aus Ikema-jima.
Quelle: Sadoyama: »Yugatai«, Bd. 4, Hirara 1984.

Die dankbaren Moskitos (ka no ongaeshi)
Erzählt in Kunigami-gun, Nago-shi.
Quelle: Endō: »Okinawa no minwa«, Ginowan 1998.

Fürst Yuriwaka (Yuriwaka daijin)
Erzählt von Chinen Kamado aus Hirara.
Quelle: Sadoyama: »Yugatai«, Bd. 4, Hirara 1984.

Yugatai von der Schneeprinzessin (Yukihime no yugatai)
Erzählt von Yonahara Kamado aus Ikema-jima.
Quelle: Sadoyama: »Yugatai«, Bd. 4, Hirara 1984.

Die Sternenfrau (tenjin nyōbō)
Erzählt von Nemoto Seinō aus Ishigaki.
Quelle: Endō: »Okinawa no minwa«, Ginowan 1998.

*Wie der Mensch zu seiner jetzigen Gestalt gekommen ist
(ningen no hajimari)*
Erzählt von Sunagawa aus Miyako-jima.
Quelle: Sadoyama: »Yugatai«, Bd. 3, Hirara 1981.

Der habgierige Alte und sein Fächer (ōgi no jumyō)
Erzählt in Nakagami-gun, Kadena-chō.
Quelle: Endō: »Okinawa no minwa«, Ginowan 1998.

Eisentor und sein Glücksanteil (Kanijō no kuibun)
Erzählt in Kunigami-son, Motobu-chō.
Quelle: Endō: »Okinawa no minwa«, Ginowan 1998.

Mōi Uekata und seine fromme Mutter (hahaoya ugan)
Erzählt auf der Hauptinsel Okinawa.
Quelle: Endō: »Okinawa no minwa«, Ginowan 1998.

Mōi und der Mandarinenbaum des Nachbarn
(tonari no mikan)
Erzählt auf der Hauptinsel Okinawa.
Quelle: Endō: »Okinawa no minwa«, Ginowan 1998.

Die Trauerzeit von 49 Tagen (shijukūnichi yurai)
Erzählt von Sawada Kani.
Quelle: Sadoyama: »Yugatai«, Bd. 3, Hirara 1981.

Der Sternensand (hoshizuna)
Erzählt in Yaeyama-gun, Taketomi-chō.
Quelle: Endō: »Okinawa no minwa«, Ginowan; 1998

Das Kind des Himmels (ten no ko)
Erzählt in Shimashiri-gun, Aguni-son.
Quelle: Endō: »Okinawa no minwa«, Ginowan 1998.

Die Götter von Miyako-jima
(Miyako-jima no kamigami no tanjō)
Erzählt von Satoyama Matsu.
Quelle: Sadoyama: »Yugatai«, Bd. 4, Hirara 1984.